I0814665

MOMO
ITALY
1964
50
YEARS
2014

Mario Donnini

GIORGIO NADA EDITORE

Giorgio Nada Editore Srl

Coordinamento editoriale/ *Editorial manager*
Leonardo Acerbi

Redazione/ *Editorial*
Giorgio Nada Editore

Interviste/ *Inetrviews*
Leonardo Acerbi

Traduzione/ *Translation*
Neil Davenport

Progetto grafico e impaginazione/ *Graphic Design and layout*
Sansai Zappini

Copertina/ *Cover*
Sansai Zappini

© 2014 Giorgio Nada Editore, Vimodrone (Milano)

TUTTI I DIRITTI RISERVATI
All rights reserved. Apart from any fair dealing for the purpose of private study, research, criticism or review, no part of this publication may be reproduced, stored in a retrieval system, or transmitted, by any means, electronic, electrical, chemical, mechanical, optical photocopying, recording or otherwise, without prior written permission. All enquiries should be addressed to the publisher:

Giorgio Nada Editore
Via Claudio Treves, 15/17
I – 20090 VIMODRONE MI
Tel. +39 02 27301126
Fax +39 02 27301454
E-mail: info@giorgionadaeditore.it
http://www.giorgionadaeditore.it

Allo stesso indirizzo può essere richiesto il catalogo di tutte le opere pubblicate dalla Casa Editrice.

The catalogue of Giorgio Nada Editore publications is available on request at the above address.

Distribuzione:
Giunti Editore Spa
via Bolognese 165
I – 50139 FIRENZE
www.giunti.it

MOMO 50 Years
ISBN: 978-88-7911-607-7

Ringraziamenti/Acknowledgements
Momo e l'Editore Giorgio Nada desiderano ringraziare quanti hanno collaborato alla realizzazione di questo volume fornendo testimonianze e materiali
Momo and the publisher Giorgio Nada Editore would like to thanks all those who have contributed to this book by providing recollections and material

Jean Alesi, Mario Andretti, Barbara Burns, Massimo Campi, Marco Cattaneo, Chip Connor, Sean Edwards, Emerson Fittipaldi, Pascal Dro, Darrell Ingham, Marco e/and Matteo Moretti, Max Papis, Bobby Rahal, Patrick Tambay, Didier Thyes, Rob Wilson

A questi si aggiungno gli uomini del "team" Momo
To these we would like to add the "team" Momo men

Matteo Gianotti, Luca Enaia, Emilio Giroldini, Sampath Jayasekara

Un ringraziamento particolare va a Mario Acquati che ha fornito preziosissimo materiale d'archivio sino ad oggi mai pubblicato in precedenza e al Museo Nicolis di Villafranca a Verona, che ha concesso di fotografare i molti volanti Momo facenti parte della sua collezione.
Particular thanks go to Mario Acquati who provided invaluable archive material that has never previously been published and to the Museo Nicolis in Villafranca Verona that allowed us to photograph the many Momo steering wheels in its collection.

Fonti iconografiche/Picture credits
Oltre che dagli archivi della Momo e della Giorgio Nada Editore, le immagini e i documenti pubblicati in questo volume provengono da:
As well as from the Momo and Giorgio Nada Editore archives, the images and documents published in this book come from:

Mario Acquati, Getty Images, "Collezione Museo Nicolis – Villafranca Verona"

Certificato PEFC
Questo prodotto è realizzato con materia prima da foreste gestite in maniera sostenibile e da fonti controllate
www.pefc.it

Sommario
Summary

8
SURTEES

Prefazione
Preface

«Mentre scrivo queste righe, ci troviamo nell'anno che mi ha visto tornare ancora una volta nell'abitacolo della mia monoposto Ferrari 158 da Gran Premio con la quale, esattamente mezzo secolo fa, vinsi il Campionato del mondo Conduttori di F1.
Entrai a far parte della Casa del Cavallino Rampante nel 1963, periodo nel quale la Rossa schierava anche un team ufficiale nelle gare internazionali per Sport Prototipi, tra cui, la 24 Ore di Le Mans, la 12 Ore di Sebring e la 1000 Km del Nürburgring, sulla mitica pista Nordscheife.
A quei tempi, in Ferrari, il programma nel Mondiale di F1, almeno nella parte iniziale della stagione, passava in secondo piano, in modo che la struttura, relativamente piccola, potesse concentrarsi per prima cosa sulla preparazione delle vetture destinate alle gare di durata.
Per quanto mi riguarda, iniziai la stagione 1963 vincendo subito a Sebring e al Nürburgring, alla guida di un prototipo Ferrari 250 P con motore 12 cilindri a V. Il trionfo a Le Mans, invece, mi sfuggì a causa di un incidente, malgrado avessimo dominato nelle prime venti ore.
La Ferrari in F1, col Mondiale 1964 che iniziava a Monaco il 10 maggio, aveva frattanto ultimato lo sviluppo del motore V6 a 120°, introducendo nuovamente l'iniezione diretta, una soluzione tecnica simile a quella usata da Mercedes-Benz e Vanwall con le vetture Grand Prix da 2,5 litri di cilindrata, alla metà degli anni Cinquanta. In questo cammino, iniziato l'anno prima, avevamo incontrato numerosi problemi di affidabilità che erano stati causa di diversi ritiri, anche se eravamo soddisfatti in termini di prestazioni. La monoposto, siglata 156, era da considerarsi vettura di riserva rispetto alla nuova 158 con motore 8 cilindri.
Archiviata la trasferta a Le Mans del 20-21 giugno, si intensificò l'impegno relativo alla F1 e fui molto felice di riuscire a vincere il Gp di Germania, sul prestigioso tracciato del Nürburgring dove, correndo per la Casa italiana l'anno prima, avevo colto anche il mio primo successo in una gara valida per il Mondiale.
A questo punto va ricordato che alla fine del 1963 la Rossa aveva intrapreso una svolta tecnica, passando al motore a 8 cilindri, simile a quello di alcuni dei nostri rivali, ma ancora a iniezione diretta.
Il telaio era completamente nuovo e quello della 6 cilindri fu sostituito da una struttura tubolare più leggera, in pannelli d'alluminio rivettati.
Tuttavia, in ragione delle sempre forti aspettative di ben figurare nella prima gara del Mondiale riservato ai prototipi, io all'inizio della stagione 1964 usavo in F1 ancora la vettura a motore 6 cilindri.

John Surtees ancora una volta nell'abitacolo della sua Ferrari 158 durante una rievocazione storica a Goodwood. Nella pagina a fianco è invece ai box di Monza durante le prove del Gp d'Italia del 1965, a bordo della Ferrari 512 F1.

John Surtees in the cockpit of his Ferrari 158 once again during a Goodwood historic revival event. On the facing page he is instead seen in the pits at Monza during practice for the 1965 Italian GP, aboard a Ferrari 512 F1.

«As I write this, I am in a year when I have again sat behind the wheel of my original Ferrari 158 Grand Prix car, with which 50 years ago I won the World Championship.
I joined Ferrari in the 1963 season. Ferrari in those days raced a team in international sports-prototype car racing, which of course included such prestigious races as the Le Mans 24 Hours, Sebring 12 Hours and the 1000 Km race at the historic Nürburgring.
The Formula 1 programme largely had to take second place for the early part of the season to the demands and pressures on the relatively small Ferrari factory team in preparing for those sports car races. I immediately gained successes with a win at Sebring and also the Nürburgring, driving a Ferrari P1 12-cylinder prototype. Le Mans was to escape us due to an accident, despite having dominated the first 20 hours.
In Formula 1, with the 1964 championship startiong at Monaco on the 10th of May, Ferrari had completed development of the 120° V6 engine which now featured direct injection similar to that used on the successful Mercedes-Benz and Vanwall Grand Prix 2.5-litre cars in the mid 1950s. During the development, which had begun the previous year, w encountered a number of reliability problems that led to retirements, although we did show good speed. The V6 car known as the 156 was to be considered as a reserve with respect to the new 158 with the V8 engine.
With the Le Mans weekend of 20-21 June over, the concentration on Formula 1 intensified and Ferrari and I were very happy with being able to win the prestigious German Grand Prix at the Nürburgring, where, racing ro the Italian team the year before, I had scored my first victory in a Formula 1 World Championship race.
At the end of 1963 Ferrari had decided to change to an 8-cylinder engine, similar to our main competitors, but still featuring direct injection. The chassis was to be entirely new and the tubular chassis of the 6-cylinder car was replaced by a stressed-skin one, this having a lightweight inner tubular framework, with aluminium panels riveted to it. Again, there were some delays because of the pressures to prepare for the prototype season and for the initial race, I still used the 6-cylinder.

Venne quindi il momento di saggiare la nuova 8 cilindri, la 158, e di calarmi finalmente nell'abitacolo, prima ancora che iniziassero le prove, sul vicino tracciato di Modena.
Il problema iniziale che incontrai fu che il nuovo cockpit, più stretto del precedente, mi risultava scomodo all'altezza del bacino. Quindi, con l'ausilio di un martello in gomma si è intervenuti battendo la lamiera in modo da allargare l'abitacolo e apportare tutte le modifiche necessarie che mi consentissero una posizione di guida sdraiata, comunque più inclinata rispetto a prima. E anche il volante era diverso dal precedente perché più piccolo, tanto da darmi qualche perplessità e non consentendomi la corretta lettura del contagiri.
Ma in quel momento fui molto fortunato ad avere in mio soccorso la bravura e la competenza dello specialista Momo, nella persona di Gianpiero Moretti! Parlammo della questione e arrivammo alla conclusione che i tempi in cui le mani del pilota scivolavano sul volante di una F1 erano ormai finiti. Di fatto, ci si sedeva nell'abitacolo con le mani nella classica posizione d'orologio delle tre meno un quarto, coi pollici appoggiati sulle razze. In particolare, nei punti in cui si appoggiavano i pollici c'era bisogno di un diametro maggiore in modo che l'impugnatura risultasse più comoda. Il primo volante da gran premio con il diametro dell'impugnatura aumentato nei punti di appoggio ma ridotto nella parte superiore e in quella inferiore della corona fu quindi realizzato e la storia dimostra come abbia giocato un ruolo importante nello svillupo del brand Momo che ancora oggi conosciamo.
Ormai potevo finalmente correre con la nuova macchina e, una volta terminato l'impegno della Casa per la 24 Ore di Le Mans, riuscii appunto a vincere in Germania. Sfortunatamente fui costretto a rinunciare a un prevedibile successo in Austria, anche se in quell'occasione fu il mio compagno di squadra Lorenzo Bandini ad andare a segno. Monza, luogo dal quale ora sono da poco tornato mentre sto scrivendo queste righe, fu in quell'infuocato 1964 teatro di un'altra pole e un'altra vittoria. Poco dopo, i due secondi posti ottenuti negli Stati Uniti e in Messico, condussero me, la Ferrari e la Momo a conquistare il Campionato del mondo Conduttori di F1. E quando guardo quel volante originale che ancora conservo appeso per ricordo alla parete del mio studio, penso alla mia squadra e al contributo verso quel successo che io e la Momo fummo in grado di dare.
Per questo sono così felice di festeggiare questo stupendo anniversario assieme al marchio Momo, nel contempo congratulandomi con loro per la parte che hanno saputo giocare, scrivendo pagine tanto importanti nella storia delle competizioni automobilistiche».

It was then time for a new car to be wheeled out and for me to have my fitting in the workshop, prior to an initial test on the Modena circuit.
The first problem was that the cockpit was a little narrow for the width of my hips. With the help of a large rubber hammer the cockpit was widened and modifications were made to allow me a more relcined driving position than before. The steering wheel was alos different in that it was smaller and although I was a little concerned that my vision of the rev counter was a little obstructed by the rim.
It was fortunate that Momo was on hand, in the guise of Gianpiero Moretti! We talked about it and decided that the days of moving your hands around the wheel on a Grand Prix car were largely over. Basically you sat there with your hands on the wheel, at the 9 and 3 o'clock positions with your thumbs over the two spokes of the steering wheel at those two points. So that was the only place you really needed the full diameter of the wheel to be, for the comfort of your hands. Your thumb resting on the spoke needed a little protection, so a short extension of the rim cover was designed. The first Grand Prix wheel that had an increased rim diameter at the holding points and reduced diameters at top and bottom was therefore created. History has shown has that this played a small part in the development of the world famous Momo brand as seen today.
It was behind the wheel of this car that, once the Le Mans race was over, I was able to make my challenge for the World Championship, enjoying a second consecutive victory at the Nürburgring. I unfortunately retired when leading the Austrian Grand Prix, but fortunately my teammate Lorenzo Bandini won.
Monza, where as I write this I have just returned from, was the scene of a pole position and another win. The results that I then achieved in America and Mexico brought me, the team and Momo the Formula 1 World Championship. As I look at that very same steering wheel that I held and looked through as it hangs on the wall in my study, I think of the team out there in Maranello that Momo and I were part of.
I am very happy to celebrate my anniversary with Momo and congratulate them on the part that they have played in the shaping of motorsport history».

John Surtees

Il campione inglese è "sotto il tiro" dei fotografi e, sotto, scambia qualche battuta con un giovane Mauro Forghieri. Fra loro, in secondo piano, si riconosce il motorista Franco Rocchi.

The English driver is "under fire" from the photographers and, below, exchanging a few words with a young Mauro Forghieri. Between and behind them can be seen the engineer Franco Rocchi.

Gianpiero Moretti

L'uomo, il pilota, l'imprenditore

Per un innamorato di corse, i sogni veri iniziano da postadolescente, nella propria camera, magari fantasticando mentre contempla il soffitto. Per Gianpiero Moretti, magia della sua favola, in camera iniziò anche la realtà. Tutto comincia nella casa di via Senato a Milano, nei primi anni Sessanta, dove Moretti abitava. Proprio lì e proprio nella sua camera, Gianpiero, nato il 20 marzo 1940, segno zodiacale Pesci, assembla in maniera del tutto artigianale i suoi primi volanti.

Sin dalle prime esperienze in corsa – aveva iniziato a gareggiare nel 1961, appena 21enne, la maggior età d'allora, al volante di una Lancia Appia Zagato alla 4 Ore di Monza, all'epoca denominata "Coppa Ascari" – dividendosi tra pista e cronoscalate nazionali, Moretti aveva infatti preso atto che i volanti da gara dell'epoca avevano un diametro eccessivo, pesavano troppo e, tutto sommato, lasciavano alquanto a desiderare anche dal punto di vista estetico.

Lui prediligeva invece un volante con diametro minore e dal momento che sul mercato non esisteva nulla del genere, decise di farselo in casa, per lui e per uno sparuto numero di amici che iniziarono ad apprezzare quei prodotti e quindi a volerli montare sulle loro vetture.

Proprio nell'ambiente delle corse di quegli anni e dei *gentleman drivers* dell'epoca, l'iniziativa di Moretti trovò terreno quanto mai fertile sia in termini di amicizie, prima fra tutte quella con Cesare Martinengo, figlio di Cesare, fondatore della Scuderia Sant'Ambroeus a Milano, sia di contatti a più ampio raggio.

Il meccanismo che portò a quella primissima produzione "casalinga" fu quanto mai semplice: Gianpiero acquistava le parti metalliche in alluminio Anticorodal, che faceva opportunamente tagliare dal suo carrozziere di viale Padova, e che poi rifiniva con le sue stesse mani.

Gianpiero Moretti

The man, the driver, the entrepreneur

For a lover of racing, the true dreams begin as a post-adolescent in one's bedroom, perhaps while gazing at the ceiling. For Gianpiero Moretti, the magic of those dreams was actually grounded in reality. It all began in the early 1960s, in the Moretti home in Via Senato, Milan. It was there, in his own bedroom, that Gianpiero, born on the 20th of March 1940, under the sign of Pisces, hand-assembled his first steering wheels.

From his initial involvement in motorsport – he had begun racing in 1961 on turning 21 years of age at the wheel of a Lancia Appia Zagato in the Monza 4 Hours, then known as the Coppa Ascari – dividing his time between circuit races and national hillclimbs, Moretti had in fact noticed that the racing steering wheels of the time were of an excessive diameter, were too heavy and when all was said and done left something to be desired in terms of aesthetics too.

What he wanted was a smaller wheel and as there was nothing suitable available on the market, decided to make one at home for himself and for a small number of friends who began to notice the product and wanted one for their own car.

It was within the racing environment of those years and among the "gentleman drivers" of the time that Moretti's enterprise found particularly fertile terrain in terms of both friendships, above all that with Cesare Martinengo, son of Cesare, founder of the Scuderia Sant'Ambroeus in Milan, and broader ranging contacts.

The mechanism that led to that initial "domestic" output was wonderfully simple: Gianpiero purchased the metal parts in Anticorodal aluminium which he had cut to size by his usual bodyshop in Viale Padova before finishing them himself by hand. He instead turned to his local

Lo sguardo volitivo, la cravatta e l'aplomb dell'imprenditore. Ecco Gianpiero Moretti in veste di fondatore e timoniere della Momo. Eppure, sotto l'abito, batte il cuore da *gentleman driver* e pulsa la passione pura per le corse vissute in prima persona: un connubio che renderà speciale la sua storia e quella dell'azienda.

The determined gaze, the tie and the businessman's aplomb. Gianpiero Moretti in the guise of the founder and moving spirit of Momo. And yet, beneath the suit beat the heart of a gentleman driver and pulsed the pure passion for racing experienced at first hand: a combination that was to make his story and his company special.

Gianpiero Moretti a colloquio con l'amico e tre volte Campione del mondo di F1 Jackie Stewart, in compagnia, a sinistra, di Cesare Martinengo, amico di "Momo" e figlio del fondatore della Scuderia Sant'Ambroeus.

Gianpiero Moretti talking with his friend and three-time F1 World Champion Jackie Stewart, in the company of, left, Cesare Martinengo, a friend of "Momo" and son of the founder of the Scuderia Sant'Ambroeus.

Per il rivestimento in pelle della corona si affidava invece al suo calzolaio che cuciva e metteva a punto il tutto. Testimone privilegiato di quel piccolo grande miracolo che appare fin dagli inizi l'attività di Moretti, è Mario Acquati, destinato poi a diventare storico titolare della Libreria dell'Autodromo di Monza, oltre che tra i collezionisti e gli antiquari più quotati a livello mondiale quanto a memorabilia di corse automobilistiche: «Già da tempo – racconta Acquati – conoscevo Gianpiero e, non appena le commesse iniziarono ad aumentare perché quei volanti, oltre che belli sul piano estetico, si rivelavano anche validi su quello tecnico, gli proposi di passare ad una produzione, diciamo così, "più industriale". All'epoca, oltre che correre in macchina con le Abarth, avevo assieme a mio padre una ditta nel veronese, che si chiamava "Omnia Sport". La produzione in serie dei volanti di Moretti iniziò proprio avvalendosi di questa struttura e delle sue maestranze, in primis del validissimo Moraja, un tecnico alle dipendenze di mio padre, molto bravo nel settore delle lavorazioni meccaniche. Iniziammo a vendere quei volanti a 500 lire cadauno – prosegue Acquati – e la prima importante commessa di 100 pezzi giunse dalla ditta Weiss, importatrice in Italia di componentistica per vetture da corsa: ammortizzatori Koni, fari Marshall, pelle Connolly, usata in quegli anni anche dalla Casa di Maranello per le sue vetture». Per quei primi 100 volanti, la Weiss chiese che fossero tutti con la corona multicolore essendo destinati a vetture come la Fiat 500 o la 600. Al centro di questi era impressa, serigrafata in nero, la W di Weiss che, rovesciata, assomigliava alla M di Montecarlo o di Monza, da cui probabilmente Gianpiero trarrà poi ispirazione per la M di Momo.

Il successo di questi volanti fu immediato tanto da

shoemaker to stitch and fit the leather cover to the rim. Mario Acquati was a direct witness to the minor miracle that was evident from the outset of Moretti's activity and was to go on to run the Libreria dell'Autombile at Monza and become one of the world's leading collectors and dealers in motorsport memorabilia: «I had known Gianpiero for some time – recounts Acquati – and as soon as the orders began to increase because those steering wheels, as well as being good to look at, also proved to be valid from a technical point of view too, I suggested to him to move onto a let's say "more industrial" footing. At the time, as well as racing Abarths I was running, together with my father, a company in the Verona area called Omnia Sport. Serial production of Moretti steering wheels began when we took advantage of this firm and its workforce, especially the talented Moraja, an engineer working for my father, who was particularly skilled in the mechanical engineering field. We began selling those steering wheels at 500 Lire each – continues Acquati – and the first major order for 100 pieces came from the Weiss firm, the Italian importer of components for racing cars: Koni shock absorbers, Marshall lamps, Connolly leather, which at that time was also used by Ferrari in Maranello for its cars». For those 100 steering wheels, Weiss asked that they all had variously coloured rims as they were destined for cars such as the Fiat 500 or 600. The central boss was stamped in black with the Weiss W that, overturned, resembled the M of Monte Carlo or Monza, from which Gianpiero probably drew inspiration for the Momo M.

The success of those steering wheel was so immediate as to encourage Moretti, who came from a wealthy family, to suggest to Mario Acquati that they should start a company: «There was just one, rather significant,

Gianpiero Moretti

L'uomo, il pilota, l'imprenditore
The man, the driver, the entrepreneur

indurre Moretti, di famiglia agiata, a proporre a Mario Acquati di aprire una società: «C'era soltanto un problema, e non da poco: lui aveva il capitale, io no. Lui aveva l'appoggio della famiglia, io no, meno che meno quello di mio padre che temeva, a ragione, che avrei potuto abbandonare la ditta per gettarmi in questa nuova avventura imprenditoriale. Dissi quindi da subito a Gianpiero che avrebbe dovuto proseguire da solo anche se avrei continuato a fornirgli tutto il supporto necessario. Così, scartata l'ipotesi societaria, Moretti cercò comunque un appoggio proprio all'interno dell'"Omnia Sport", trovandolo in quel Moraja che, di fatto, divenne il suo primo "vero" socio con il quale fondò, a breve, la Momo, acronimo dei due cognomi: Moretti-Moraja nonché di Moretti-Monza, negli anni successivi, quando Moraja uscì di scena».
La sede della prima fabbrica era a Verona, con gli uffici negli spazi di un negozio che, sino a poco tempo prima, aveva ospitato una parrucchiera...Ben presto questi ambienti diventano inadeguati al crescere della produzione e nasce l'esigenza di spostarsi, sempre nel veronese, in un vero e proprio stabilimento a Tregnago.
Siamo nella seconda metà degli anni Sessanta e, già sul finire di quel decennio, il marchio Momo va rapidamente affermandosi anche grazie alla parallela attività di Moretti nelle corse. In quegli anni Gianpiero, sempre in incognito, compare fra gli iscritti con gli pseudonimi più diversi – "Felice", "Orfeo", "Nomex" – quest'ultimo poi vietatogli dalla ditta che produceva il materiale per le tute ignifughe dei piloti, ma nello stesso tempo apre un ufficio a Milano in via Ciro Menotti, al numero civico 11, con uno spazio adibito a magazzino nel seminterrato.
Da subito Moretti si mostra particolarmente attento agli aspetti pubblicitari e, avvalendosi del disegnatore

problem: he had the capital, but I did not. He had the support of his family, I did not, especially that of my father who understandably was concerned that I might abandon the family firm to throw myself into this new business venture. I therefore told Gianpiero right away that he would have to go ahead on his own, although I would have continued to give all the support he required. Giving up on the idea of setting up a business with me, Moretti nonetheless sought out a contact within Omnia Sport and found in the shape of Moraja who effectively became his first "true" partner with whom he was shortly to found Momo, an acronym of the two surnames: Moretti-Moraja and then Moretti-Monza in later years once Moraja had left the scene».
The first factory was located in Verona, with offices in a shop that had until recently been a hairdressing salon. Those spaces soon became inadequate as production expanded and the firm had to move to new premises, a true factory this time, at Tregnago, near Verona.
This was in the mid-Sixties and by the end of that decade the Momo brand was rapidly establishing itself, thanks in part to Moretti's parallel racing career. In those years, Gianpiero could always be found among the entrants under the most diverse pseudonyms such as "Felice", "Orfeo" and "Nomex", this last vetoed by the firm that makes fire-proof materials for the drivers' overalls, while at the same time he opened an office in Milan at No. 11 Via Ciro Menotti, with a storage space in the basement.
From the outset, Moretti was very attentive to the marketing aspects of the business and with the help of the designer Giorgio Ball, who later created the Momo logo, had a series of stickers made, among other things, that depicted a stylised Momo steering wheel on a yellow

La prima importante affermazione internazionale di Gianpiero Moretti in veste di pilota matura in Giappone, al Fuji, alla fine della stagione 1970, al volante della sua Ferrari 512 S. Eccolo al termine della corsa, solitario e felice, mentre brandisce la coppa sul primo gradino del podio podio.
Il 1979 è un anno speciale nella carriera automobilistica dell'attore Paul Newman, che si dedica quasi completamente alle corse correndo anche a Le Mans dove giuge 2° assoluto. Nei paddock delle corse americane della serie IMSA incontra Gianpiero Moretti col quale stringe un'amicizia.

The first important international success for Gianpiero Moretti the driver came at the Fuji circuit in Japan at the end of the 1970 season with the Ferrari 512 S. Here he is seen after the race, solitary and happy, brandishing the cup on the top step of the podium.
1979 was a special year in the automotive career of the actor Paul New Newman, which he devoted almost exclusively to racing and during which he also completed at Le Mans, finishing 2nd overall.
In the paddock at the American IMSA series races he met Gianpiero Moretti with whom he established a sincere and lasting friendship.

Giorgio Ball, artefice poi del marchio Momo, fa realizzare, fra le altre cose, una serie di adesivi che raffigurano un volante Momo stilizzato in campo giallo, accompagnato dallo slogan: "Io ho un Momo". Ricorda ancora Acquati: «Diffondemmo quell'adesivo in migliaia di copie».
In quel breve volgere di anni, le strade di Moretti e di Acquati si dividono. Ma è solo una fase poiché, già a partire dal 1969, Acquati torna "a lavorare" per Moretti in veste di venditore.
Nei primi anni Settanta, oltre che in ditta, almeno nelle corse italiane, lo segue talvolta anche sulle piste. Ed è proprio quella di Monza che cementerà ancor più il sodalizio fra Acquati e Moretti. Qui, il primo, da tempo, aveva costruito una palazzina all'interno dell'autodromo, dall'altra parte della pista, difronte al ristorante dove c'erano anche i vecchi box, che poi divenne un vero e proprio negozio, rivenditore dei prodotti Momo. Non a caso, negli anni, anche sulla pubblicistica dell'Autodromo, verrà indicata come "palazzina Momo".
In quei favolosi "primi anni Settanta" quando Moretti fra le altre cose raggiunge un accordo con Jackie Stewart perché diventi "uomo immagine" Momo, i cui volanti erano montati sulla Tyrrell, proprio la palazzina si trasforma in una delle mete immancabili per tutti i tifosi. Anzi, il venerdì e il sabato pomeriggio, dopo le prove del Gp d'Italia, proprio Jackie è chiamato, per contratto, a firmare autografi agli appassionati. Gianpiero arriverà addirittura a riprodurre e a vendere in serie il celebre berretto di Jackie, prodotto proprio a Monza, con tanto di autografo del Campione del mondo riportato sulla targhetta interna – realizzata dal nastrificio Verga – ricorda ancora Acquati, sulla quale c'è anche scritto "Momo. Made in Italy – Milano, via Ciro Menotti, 11".
«Il rapporto con Gianpiero – sempre Acquati – non è

ground accompanied by the slogan "Io ho un Momo" – "I've got a Momo". Acquati again remembers: «We distributed that sticker in thousands of copies».
During those few years, Moretti and Acquati's paths divided, albeit only briefly as by 1969 Acquati was back "working" for Moretti as a salesman.
In the early 1970s, as well working together in the company he would also join Moretti at the track, at for the Italian races It was actually at Monza that the relationship between Acquati and Moretti was to be cemented. Some time earlier Acquati had constructed a building within the Autodromo grounds, on the other side of the track in front of the restaurant where there were once the old pits, and this was to become a shop selling Momo products. It was no coincidence that over the years the Autodromo's marketing materials would indicate it as the "Momo building".
In those fabulous "early Seventies" when among other things Moretti reached an agreement with Jackie Stewart for him to become a Momo "face" and use Momo steering wheels on his Tyrrell, the building became an obligatory destination for all fans. In fact, on the Friday and Saturday afternoons after practice for the Italian Grand Prix, Jackie was contracted to sign autographs for the enthusiasts. Gianpiero even went as far as mass producing and selling Jackie's celebrated cap, produced at Monza and carrying the World Champion's autograph reproduced on the inside label - made by the Verga ribbon factory – which as Acquati recalls also carried the script "Momo Made in Italy – Milano, Via Ciro Menotti, 11".
«My friendship with Gianpiero - continues Acquati – never wavered even when we took up different professional paths and I can say that I stayed with him through to the last, difficult days of her life».

mai venuto meno anche quando abbiamo preso strade professionali diverse e posso dire di essere restato con lui sino agli ultimi, difficili giorni della sua vita».
Parallelamente, la sua carriera di pilota cresce e ha una svolta. Quella vera, gliela fornisce la disponibilità di una fiammante e mostruosa Ferrari 512 S prototipo 5 litri, a inizio 1970, con la quale, sotto le insegne della Scuderia Picchio Rosso, s'iscrive alla 24 Ore di Daytona, in coppia con l'amico Corrado Manfredini, con un programma di collaudi semplicemente sconcertante: tre giri sul vecchio aerautodromo di Modena... Negli Usa, guai alle sospensioni stoppano la vettura, ma il ghiaccio è rotto. Moretti e Manfredini saltano Sebring e Brands Hatch e, malgrado un incendio che danneggia la vettura in un test privato, la stupenda 512 S è nona alla 1000 Km di Monza. Peccato che guai alla trasmissione fermino l'avventura alla 24 Ore di Le Mans, dopo appena tre ore. Ma il primo trionfo è dietro l'angolo, con Moretti che viene chiamato in settembre alla 200 Miglia del Fuji, gara internazionale aperta alle biposto-corsa. Gli organizzatori bramano d'avere una Ferrari e un pilota dal volto piacente da sparare sul programma. "Momo" è più bello di Manfredini e l'onore tocca a lui. Accompagnato, in corsa, da quello del trionfo. «Eppure al mio primo incontro con Enzo Ferrari dopo quel successo, il Drake si mostrò più interessato a sapere com'erano le ragazze giapponesi che ai dettagli della mia mirabolante corsa» – ricordava ridendo, Moretti.
L'esperienza col modello 512 prosegue nel 1971, stavolta nelle incattivite specifiche M, in coppia con lo svizzero Herbert Müller, ma quell'anno si rivela tragico per Moretti, pochi giorni dopo la 1000 Km di Monza che disputa con la fida 512 M stavolta in coppia con Teodoro Zeccoli.
Nelle prove dell'Interserie a Zolder, in Belgio, Gianpiero, al

In parallel, his driving career flourished and reached a turning point. This came about with the availability of a flame-red monstrous 5-litre Ferrari 512 S prototype in 1970 which, in the colours of the Picchio Rosso team, he entered the Daytona 24 Hours, paired with his friend Corrado Manfredini, with a quite unbelievable testing programme: three laps of the old Monza aerautodromo… In the States, suspension problems halted the car but the ice had been broken. Moretti and Manfredini missed Sebring and Brands Hatch but, despite a fire that damaged the car during a private test, the fantastic 512 S was 9th in the Monza 1000 Km. It was unfortunate that a broken transmission interrupted the Le Mans 24 Hours adventure after just three hours. The first triumph was just around the corner, however, with Moretti being called in September to compete in the Fuji 200 Miles, an international two-seater race. The organizers were eager to have a Ferrari and a driver with a pretty face to plaster over the programme. "Momo" was better looking than Manfredini and the honour was his. Accompanied in the event by that of victory in the race. «And yet on my first meeting with Enzo Ferrari after that success, the Drake was more interested in what the Japanese girls were like than the details of my astonishing race», recalled Moretti with a laugh.
The experience with the 512 model continued in 1971, this time in the uprated M specification, paired with the Swiss driver Hubert Müller. However, that was a tragic year for Moretti, a few days after the Monza 1000 Km disputed with the faithful 512 M together with Teodoro Zeccoli.
In practice for the Interserie at Zolder in Belgium, Gianpiero, at the wheel of the Lola T222-Chevy 7200 provided by the Écurie Bonnier, lost control of the car and flew

L'IMSA anni Ottanta è un happening di agonismo e colore. Anche Gianpiero Moretti non si tirerà indietro mettendo in campo tutta la sua verace simpatia e non solo. Sponsorizzato dalla Penthouse, si segnalerà anche per una liason con una ragazza protagonista di uno dei più apprezzati paginoni centrali della rivista...

IMSA in the 1980s was a happening of competitiveness and colour. Gianpiero Moretti was not one to hold back and was an enthusiastic participant, on track and off... Sponsored by Penthouse, he attracted attention with a liaison with one of the magazine's most popular centrefolds.

Daytona 1998, il momento dell'agognato trionfo nell'amatissima 24 Ore della Florida: da sinistra, l'equipaggio vincitore che comprende Arie Luyendyk, ovviamente Gianpiero Moretti, Mauro Baldi e Didier Theys, alternatisi nell'abitacolo della Ferrari 333 SP del team gestito da Kevin Doran.

Daytona 1998, the hard-fought triumph in the beloved Florida 24 Hours race: from the left, the winning team comprising Arie Luyendyk, Gianpiero Moretti of course, Mauro Baldi and Didier Thyes, who alternated in the cockpit of the Ferrari 333 SP belonging to the team managed by Kevin Doran.

volante della Lola T222-Chevy 7200 messagli a disposizione dall'Écurie Bonnier, perde in controllo della vettura e vola oltre la collinetta dietro i box, in prossimità di un dosso, uscendo di pista e urtando un gabbiotto dei commissari. Uno dei marshal muore sul colpo, l'altro è gravemente ferito, mentre un terzo accusa fratture alle gambe. Gianpiero se la cava con la frattura di quattro costole e la domenica torna a Milano, ancora sconvolto. Per la prima volta ha vissuto sulla sua pelle il lato crudele delle corse.

Il 1972 lo vede tornare in azione oltre che come pilota anche nella veste di Costruttore, commissionando all'ingegnere Giorgio Valentini un prototipo 2 litri a motore Abarth e un'altra versione in chiave Interserie, dotata del motore 5 litri della Ferrari 512. I risultati sono interessanti, raffinati in termini tecnici, ma la gestione dei progetti si rivela troppo complessa, fin dai primi collaudi sul tracciato di Casale Monferrato, e l'iniziativa non ha seguito. Ma Moretti in pista non s'arrende, anche se per piazzare un acuto dovrà attendere cinque anni.

Nel 1977 con una Porsche 934 Gruppo 4 curata da Peppino Zonza trionfa nel Campionato italiano vetture Gran Turismo aggiudicandosi le quattro prove in pista, due volte a Misano, quindi a Pergusa e Monza, surclasando "Dino" e Frisori.

È tempo di pensare ad altro, nelle corse e nella vita. Chissà se Moretti, a 37 anni, guardando il soffitto della sua camera avrà mai immaginato l'America, l'amicizia con Paul Newman e Mario Andretti, una liason con la strepitosa Dorothy, Penthouse Girl d'inizio anni Ottanta e il trionfo in Ferrari nelle principali classiche endurance statunitensi. Forse l'avrà fatto, sì. E piace pensare che l'abbia fatto davvero, perché nel suo futuro, come accadde dal primo giorno, tutti i suoi sogni sono destinati a tradursi in realtà.

beyond the banking behind the pits, in proximity to a hump, leaving the track and crashing into a marshals' hut. One of the marshals was killed immediately, another was seriously injured while a third had fractured legs. Gianpiero survived with four broken ribs and returned to Milan on the Sunday still in shock. For the first time he had experienced at first hand the cruel side of motor racing.

1972 saw him return to the track as a constructor as well as a driver, commissioning the engineer Giorgio Valentini to design a two-litre Abarth-powered prototype and another version in Interserie specification, equipped with the five-litre engine from the Ferrari 512. The results were interesting, sophisticated in technical terms, but the management of the project proved to be to demanding, from the first test sessions on the Casale Monferrato track and the initive was taken no further. However, Moretti did not give up on racing, even though he had to wait five years for his next high.

In 1977, with a Group 4 Porsche 934 entered by Peppino Zonza he triumphed in the Italian Gran Turismo championship, winning four races, two at Misano and then at Pergusa and Monza, outclassing "Dino" and Frisori.

It was time to think of other things, in racing and life in general.

Who knows if Moretti, at 37 years of age, gazing at his bedroom ceiling could ever have imagined America, friendships with Paul Newman and Mario Andretti, a relationship with the stunning Dorothy, a Penthouse girl from the early Eighties and wins with Ferrari in the principal American endurance classics. Perhaps he may have done, yes. And I like to think he really did, because in his future, as was the case from day one, all his dreams were destined to come true.

86
VOLANTI
momo

4 maggio 1969: Gianpiero Moretti, a sinistra, che quel giorno correva con lo pseudonimo "Nomex" e Everardo Ostini su Porsche 911 T, alla Targa Florio. Saranno decimi assoluti e primi di Categoria. Sotto, Gianpiero a bordo di una Porsche 910 con tanto di sponsor "Volanti Momo". A destra, il trofeo del Jolly Club Mario Angiolini consegnato a "Nomex" per le corse vinte durante la stagione 1968.

4 May 1969: Gianpiero Moretti, left, who that day was racing under the pseudonym "Nomex" and Everardo Ostini in the Porsche 911 T, at the Targa Florio. They were to finish 10th overall and 1st in class. Below, Gianpiero aboard a Porsche 910 with "Volanti Momo" sponsorship. Right, the Jolly Club Mario Angiolini trophy handed to "Nomex" for the races won during the 1968 season.

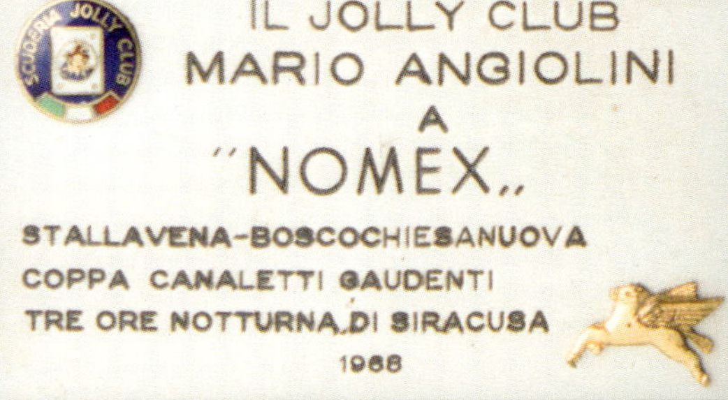

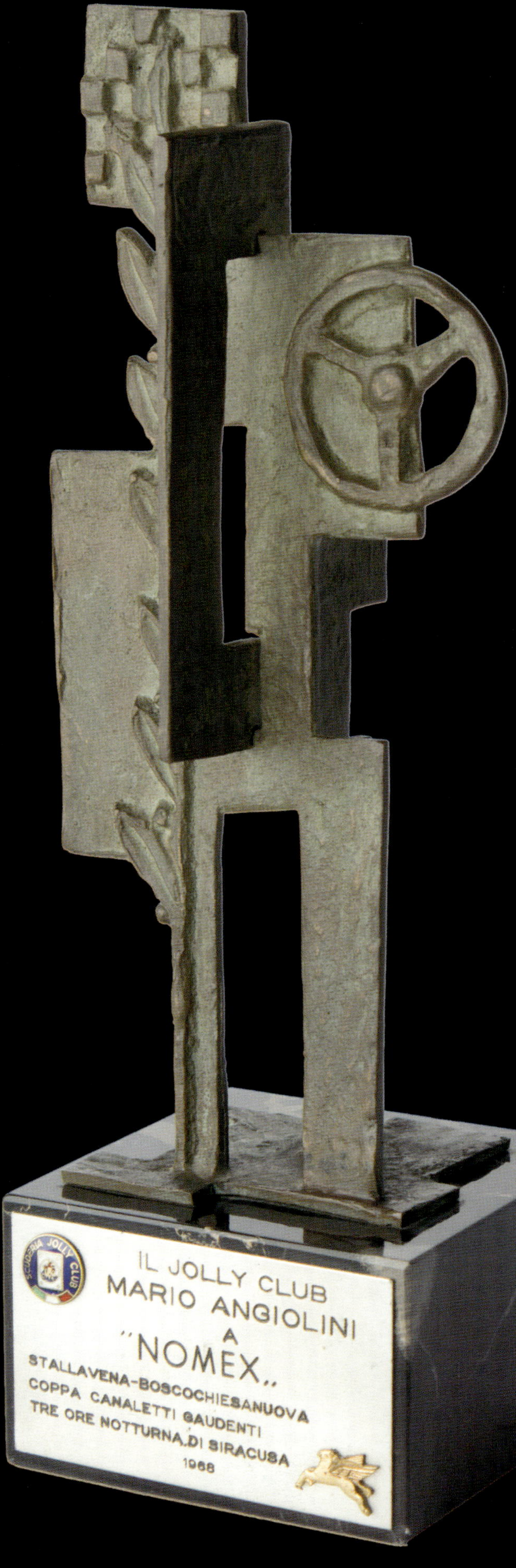
SCUDERIA JOLLY CLUB
IL JOLLY CLUB
MARIO ANGIOLINI
A
"NOMEX"
STALLAVENA-BOSCOCHIESANUOVA
COPPA CANALETTI GAUDENTI
TRE ORE NOTTURNA DI SIRACUSA
1968

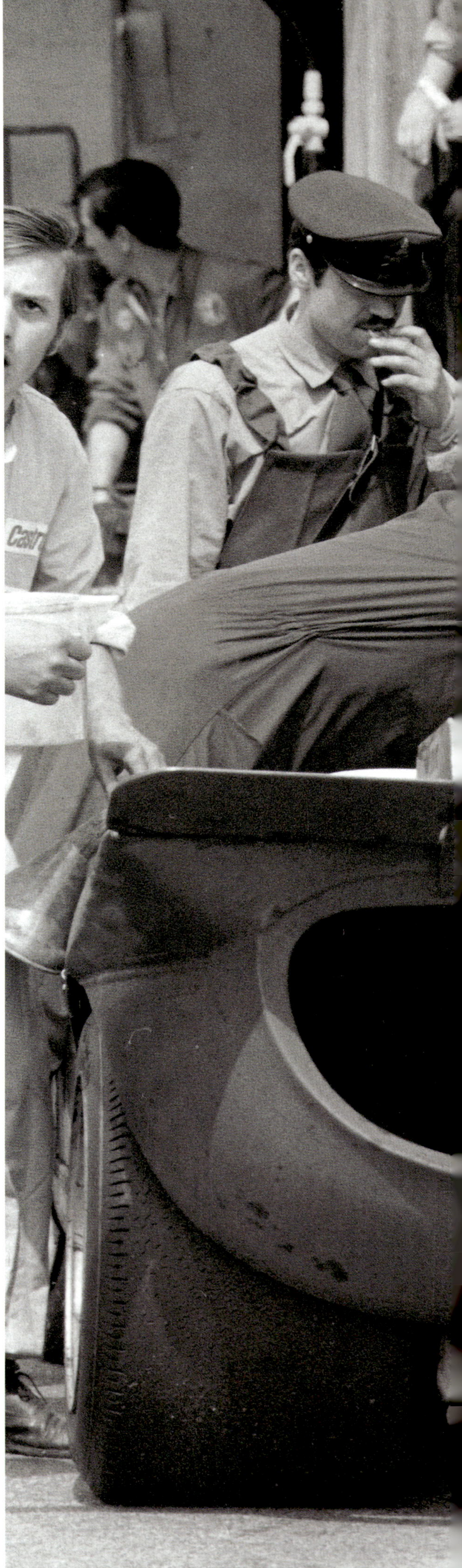

La 1000 Km di Monza del 1970 corsa con la Ferrari 512 S (telaio 1022) in coppia con l'inseparabile Corrado Manfredini, oltre che la gara di casa fu uno dei momenti più intensi della stagione di "Momo". In prova scattarono dalla 15ma fila con il tempo di 1'29 e 08" per poi chiudere al 9° posto in classifica assoluta.

The Monza 1000 Km of 1970 disputed with the Ferrari 512 S (chassis 1022) together with the inseparable Corrado Manfredini was, as well as being the pair's home race, one of the most intense episodes of "Momo's" season. They qualified with the 15th fastest time of 1.29.08 and then finished 9th overall.

GP. MORETTI
Castrol

Ecco la Ferrari 512 S con cui Gianpiero Moretti trionfò al Fuji nel 1970, sopra. A fianco, la copertina del programma ufficiale della corsa e alcune pagine interne del programma stesso, compresa quella con gli equipaggi iscritti (in alto), in cui, fra gli altri, figurano lo stesso Moretti e Manfredini.

The Ferrari 512 S with which Gianpiero Moretti triumphed at Fuji in 1970, above. The cover of the official programme for the race and a number of inside pages, including the one with the teams entered (top) that naturally features Moretti and Manfredini.

★★フジインター200マイル出場選手と車の紹介★★★★★

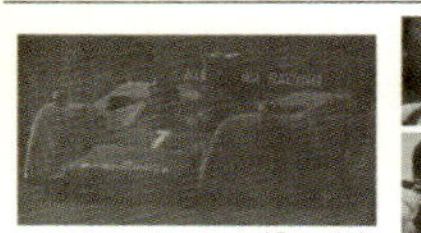

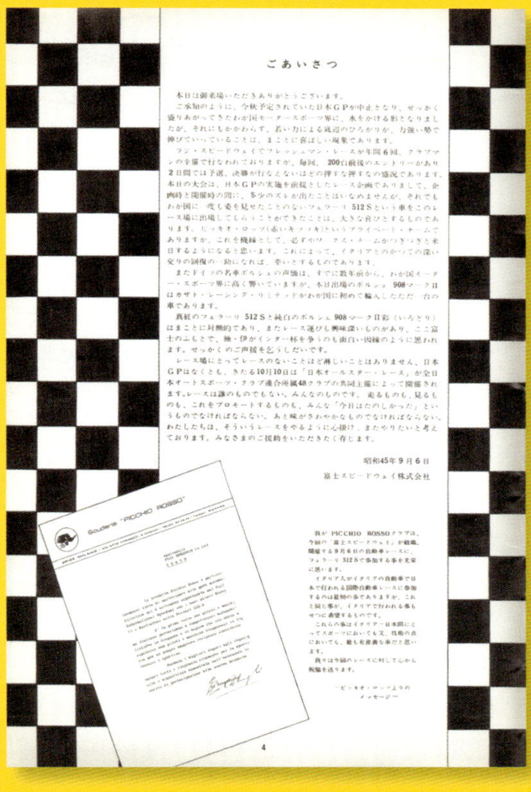

ごあいさつ

フェラーリの本拠地を訪ねて―― 本田耕介

〈512S〉の登場と日本遠征

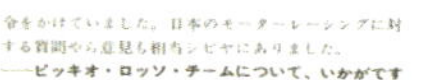

La leggenda vuole che i giapponesi si informarono prima della gara quale fosse il nome da pubblicizzare di più tra Moretti e Manfredini, chiedendo di potersi concentrare sul più bello... La scelta cadde su "Momo" che, ovviamente, apprezzò molto la cosa!

Legend has it that the Japanese enquired before the race about which of the two names Moretti and Manfredini should come first, asking to be allowed to focus on the better looking... The choice fell on "Momo" who naturally made the most of the honour!

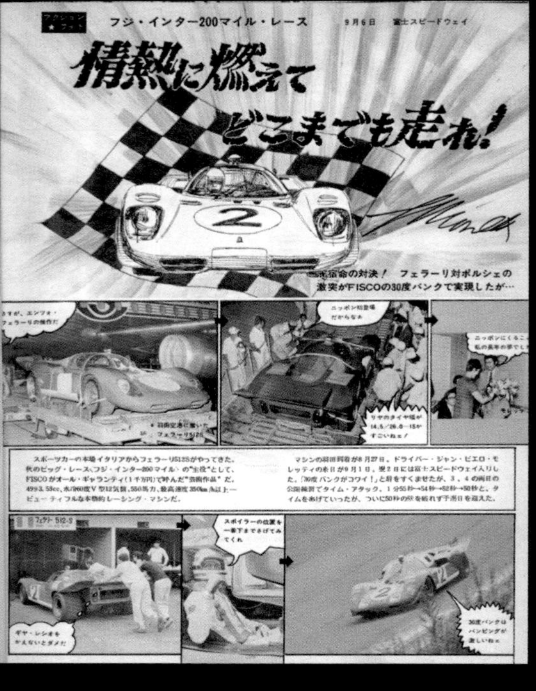

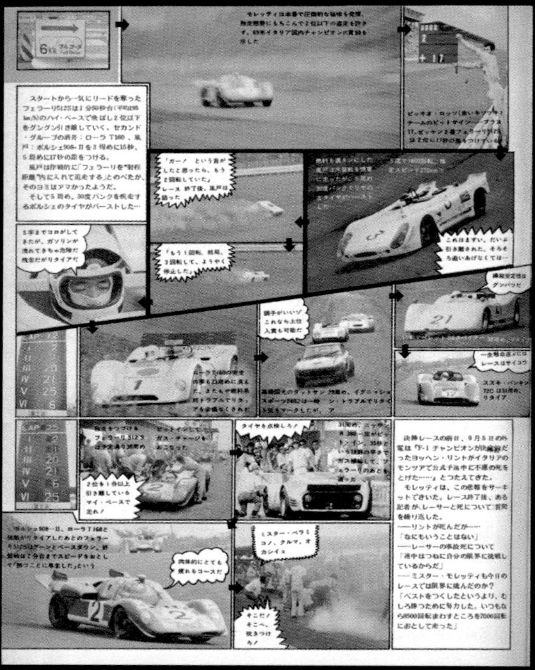

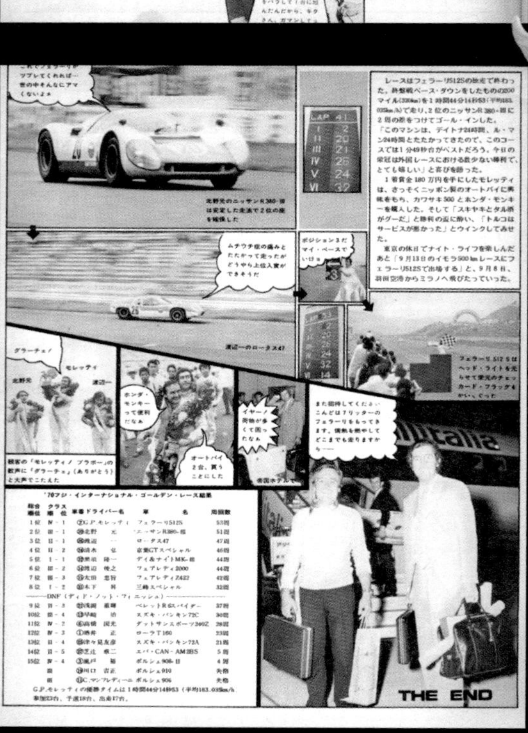

A testimoniare l'enorme popolarità già ottenuta da Moretti in Giappone in quell'occasione, ecco un vero e proprio "fumetto" dedicato al vincitore, apparso all'indomani della corsa su una rivista di settore e, nella pagina a fianco, altre copertine di giornali locali dell'epoca dedicate all'evento. La foto in alto ritrae il momento dell'arrivo e, a centro pagina, il trofeo consegnato quel giorno a Moretti.

Testifying to the enormous popularity that Moretti gained on that occasion in Japan, this is a comic book devoted to the winner that was published after the race by a specialist magazine and, on the facing page, other covers from the local press that were devoted to the event. The top photo shows the finish and, in the centre, the trophy that was presented to Moretti that day.

SHELL
モーターファン・オートスポーツ NO. 66
AUTO SPORT 1970 10
フェラーリ512Sが参加した 富士インター200マイル
80Rで何が起こったか？ 専門家が分析する川合稔選手の事故死
〈論説〉狂気の悪夢からさめよ
特別付録 ①キングサイズ・ピンアップ〈TOYOTA-7精密透視図〉
②別冊〈スバル1300G、アラスカを行く〉
CARグラフィック
ニューモデル＝ニッサン・チェリー HONDA“Z”
'71アメリカ車＝ジェネラル・モータース／フォード
オーストリアGP イタリアGP
比較テスト＝サニー1200クーペGX：パブリカ1200SL
'70 11

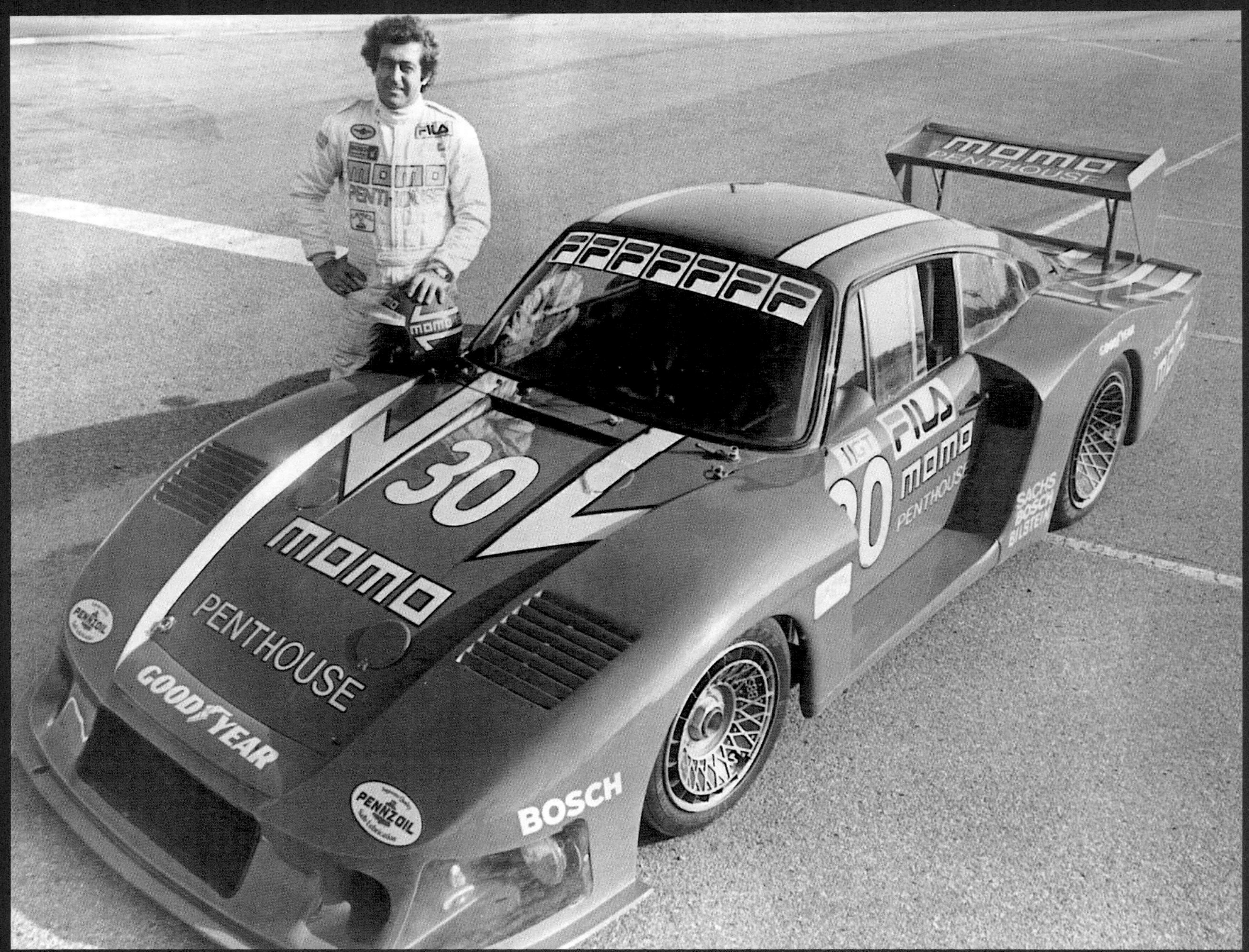

Moretti nell'IMSA d'inizio anni Ottanta legò la sua immagine alla stupenda Porsche 935 in livrea Momo, sopra. Nella pagina a fianco, in senso orario, ecco Gianpiero in compagnia di Merzario e Bonnier e, a destra, con Dominique Mauré, ai tempi del team Penthouse-Momo; infine, in compagnia di Fulvio Maria Ballabio, con "Momo" seduto nell'abitacolo della vettura.

Moretti competing in IMSA in the 1980s in a fantastic Porsche 935 in Momo livery, above. On the facing page, clockwise, Gianpiero in the company of Merzario and Bonnier and, right, with Dominique Mauré in the period of the Penthouse-Momo team; lastly, in the company of Fulvio Maria Ballabio, with "Momo" sitting in the cockpit of the car.

PENT HOUSE
BOSCH

Sopra, "Momo" su Porsche a Monza, mentre le foto a colori si riferiscono alla 500 Km del Paul Ricard del 1977, gara che Gianpiero disputa in coppia con Giorgio Schön su una Porsche del Jolly Club.
Nella pagina a fianco, la March 82G, GTP IMSA. Disegnata da Adrian Newey, si distingueva per il frontale simile alle chele di un crostaceo. Il motore Chevy V8 si rivelò fuori posto e Moretti, dopo un paio di giri, rinunciò a disputare la 1000 Km di Monza 1982.

Above, "Momo" aboard the Porsche at Monza, while the colour photos are from the Paul Ricard 500 Km of 1977, a race that Gianpiero disputed with Giorgio Schön in a Jolly Club Porsche.
On the facing page, the March 82G, GTP IMSA. Designed by Adrian Newey, it was distinguished by a front end that resembled a lobster claw. The Chevy V8 engine proved to be unsuitable and after a couple of laps Moretti gave up in the idea of competing in the 1982 Monza 1000 Km.

MOMO
Lenkräder & Alufelgen
MOMO
Lenkräder & Alufelgen
BOSCH
BOSCH
PIRELLI
march
16
DUNLOP
FACOM

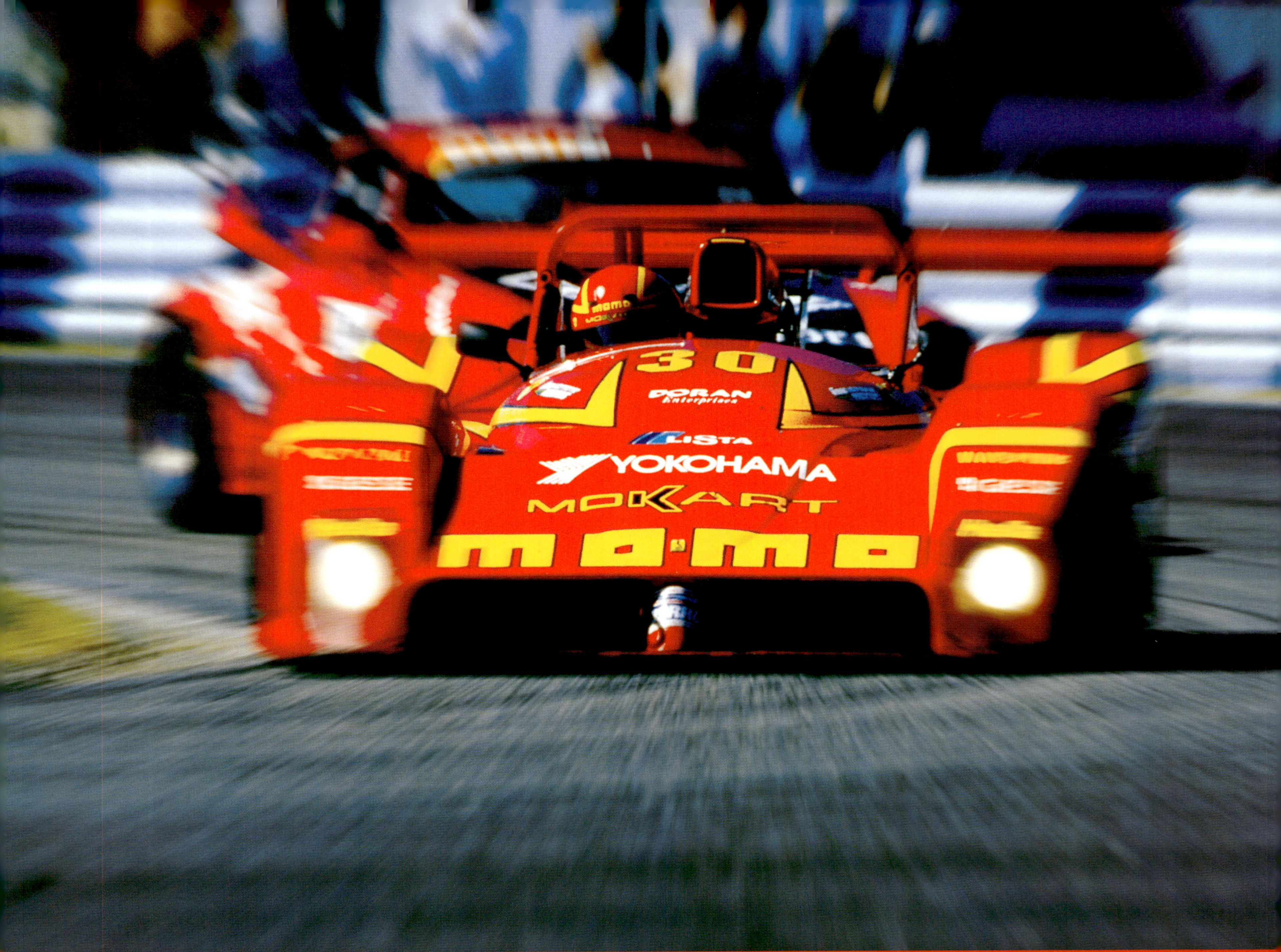
30
DORAN
LISTA
YOKOHAMA
MOKART
momo
ROLEX 24
momo
dopo 100 anni
di amicizia
aron
EXXON
Hella
YOKOHAMA
Playpiso
momo
momo

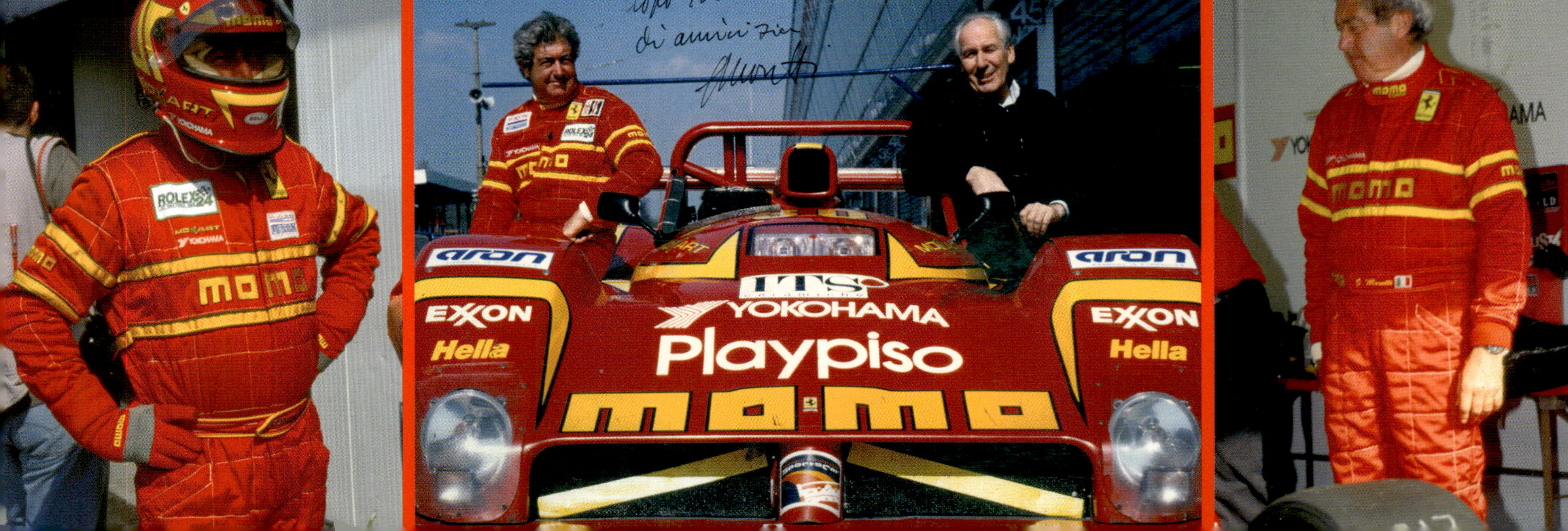

La Ferrari 333 SP, nella pagina a fianco, fu l'ultimo grande amore per Moretti e anche una creatura speciale della quale poteva rivendicare un contributo importante nel suo concepimento. Più in basso, al centro, Momo è col grande amico Mario Acquati mentre, in alto, parla con Baldi e Thyes. Più a destra, eccolo ai Caschi d'Oro di *Autosprint* del 1988 con Barbazza e dietro ai genitori di Ayrton Senna; al centro nella parata della 24 Ore di Le Mans 1997) e, sotto, con Andrea Montermini a Monza.

The Ferrari 333 SP, on the facing page, was Moretti's last great love and also a special creation to the conception of which he could claim to have made a significant contribution. Lower, centre, Momo with his great friend Mario Acquati while, above he is seen talking with Baldi and Thyes. Further right, at the Autosprint Caschi d'Oro event in 1988 with Barbazza and further back the parents of Ayrton Senna; in the centre, the parade at the Le Mans 24 Hours in 1997 and, below, with Andrea Montermini at Monza.

Quando una passione si trasforma in una realtà vincente: sopra e in alto, una veduta dell'ingresso principale dello stabilimento di Tregnago e un'altra aerea dello stesso.
Nella pagina a fianco, eccolo mimare la guida di una monoposto immaginaria che sembra prendere forma dai suoi cerchi e dal suo volante, sfoggiando il sorriso di chi nella vita ha dato forma nobile ai propri sogni.

When a passion transforms into a successful reality: above and top, a view of the main entrance of the Tregnago factory and an aerial view of the plant;
On the facing page, pretending to drive a single-seater that appears to take form from his wheels and steering wheel, while smiling the smile of some one who has seen his dreams take concrete form.

momo
KREEPY KRAULY
30 momo
KREEPY KRAULY

Intervista a **Marco Cattaneo**

Entrando in quell'ufficio, la prima cosa che ti colpisce, e davvero non potrebbe essere altrimenti, è il rosso striato di giallo di una Ferrari 333 SP in scala 1:1, rigorosamente sponsorizzata Momo, piazzata in mezzo alla stanza. Ma anche una volta distolti a fatica gli occhi da quell'oggetto carico di fascino e di storia, subito l'attenzione è catturata da altri cimeli: volanti, fotografie, trofei, caschi, e svariati oggetti, molti dei quali legati a doppio o a triplo filo alla figura e alla storia di Gianpiero Moretti.
A fare gli onori di casa è Marco Cattaneo, storico amico e collaboratore di Momo e oggi presidente di Momo Design, un uomo che ha trascorso a fianco del fondatore di Momo quasi metà della propria vita.

In che anni e in che ambito ha conosciuto Gianpiero?

«All'università, alla Facoltà di Scienze Politiche dove, entrambi, eravamo...in ritardo, sì, insomma, fuori corso. Poi ci siamo laureati negli anni Sessanta. Lui, all'epoca, era già un grande appassionato di motori e di corse».

L'iniziale produzione artigianale di volanti risale ai primi anni Sessanta. Cosa spinse Gianpiero a intraprendere quell'avventura? Mario Acquati che frequentò Moretti in quegli anni, all'alba della sua impresa, interpellato sullo stesso tema, ricorda che fra i primi obiettivi di Moretti vi era quello di realizzare un volante di diametro inferiore rispetto a quelli adottati sulle auto da corsa del tempo, in sostanza un volante dalle caratteristiche più "racing".

«Non era tanto una questione di diametro perché all'epoca proprio un volante con misure importanti, diciamo attorno ai 45 cm, era assolutamente indispensabile per compensare l'assenza del servo sterzo: per intendersi, sarebbe stato impossibile sterzare con un volante di concezione moderna. Credo invece che fra le prime esigenze di Gianpiero vi sia stata quella di realizzare un volante con la corona rivestita in pelle, proprio sul modello di quelli, non ancora marchiati Momo che, di lì a poco, sarebbero stati adottati sulle F1. Da un lato quindi un discorso tecnico e molto funzionale.
Poi è chiaro che, parallelamente agli straordinari progressi tecnologici visti nel settore automobilistico nell'arco di trent'anni, anche gli accessori sono dovuti stare al passo; di qui, la diminuzione dei diametri cui si faceva riferimento prima ma anche il progressivo incremento di un altro diametro, quello dell'impugnatura, sempre piuttosto esile sui volanti degli anni Cinquanta, tanto per fare un esempio.
Inoltre, almeno sino a quel momento, non era praticamente esistito il concetto che questo secondo parametro dovesse tenere conto delle caratteristiche della mano del pilota. Questo problema, diciamo così, ergonomico, è poi divenuto prioritario nel corso degli anni Settanta e Ottanta, soprattutto in F1».

In che senso?

«Nel senso che, tanto per farle un esempio, il volante utilizzato da Gilles Villeneuve aveva necessariamente un'impugnatura minore rispetto a quello impiegato da Jackie Stewart o da James Hunt. Proprio con la F1 è quindi iniziato un discorso di personalizzazione del volante».

Uno degli aspetti cui Momo ha sempre prestato particolare attenzione nella definizione del prodotto, soprattutto per le vetture di serie.

«Le dico di più: c'è un catalogo Momo realizzato negli anni Ottanta anche in lingua giapponese per quel mercato, che esprime assai bene la filosofia e l'approccio della Casa nel-

Interview with ***Marco Cattaneo***

Entering that office, the first thing that strikes you, and truly it could hardly be otherwise, is the red striped with yellow of a full-size Momo-sponsored Ferrari 333 SP set in the middle of the room. And once you have managed to drag your eyes away from that object with its remarkable allure and history, your attention is immediately captured by other relics: steering wheels, photographs, trophies, helmets and diverse objects, many of them closely tied to the figure and history of Gianpiero Moretti.
Doing the honours is Marco Cattaneo, and old friend and Momo colleague, currently the CEO of Momo Design, a man who has spent almost half his life alongside the Momo's founder.

When and where did you get to know Gianpiero?

«At university, in the Faculty of Political Sciences where we were both, let's say, a little behind with our studies. We then graduated in the Sixties. At that time he was a great car and racing enthusiast».

The early craft-based production of steering wheels dates back to the early Sixties. What pushed Gianpiero to set out on that adventure? Mario Acquati who used to spend time with Moretti in those years, at the dawn of the business, was asked the same question and remembers that among Moretti's early objectives was that of making a steering wheel with a diameter smaller than that used on the racing cars of the time, in short a "sportier" wheel.

«It was not so much a question of diameter as at that time a substantial steering wheel with a diameter of, let's say, around 45 cm was absolutely indispensible to compensate for the absence of power steering: to be clear, it would have been impossible to steer with a modern steering wheel. I believe that one of Gianpiero's first objectives was instead that of making a wheel with the rim trimmed in leather, along the lines of those, yet to carry the Momo brand, that were shortly to be adopted on F1 cars. On the one hand then, a technical and very functional issue.
Then it's clear that, in parallel with the extraordinary technological progress seen in the automotive sector over the course of the next thirty years, the accessories had to keep pace; hence the diminution of the diameters you mentioned earlier along with a progressive increase in another diameter, that of the rim, which had always been fairly slim on the steering wheels of the Fifties, for example. Moreover, to that point at least, the concept that this parameter should take into account the characteristics of the driver's hands was virtually unheard of. This aspect, a question of ergonomics let's say, became of overriding importance in the Seventies and Eighties, above all in F1».

In what sense?

«In the sense that, to give you one example, the steering wheel used by Gilles Villeneuve necessarily had a narrower rim than those used by Jackie Stewart or James Hunt. It was with F1 that the concept of personalisation of steering wheels came about».

One of the aspects that Momo has always paid particular attention to in the definition of its products, above all for production cars.

«What's more, there's a Momo catalogue from the Eighties printed in Japanese too for that market that expresses very well the company's philosophy and approach to the production of steering wheels. When you approach a car, the first thing you notice is the styling, its forms, the bodywork, but once the door is opened this exterior is matched by an interior

la produzione dei volanti. Quando ci si avvicina ad un'automobile, la prima cosa che si percepisce è la linea, le sue forme, la carrozzeria ma, a questo ambiente esterno, una volta aperta la portiera, ne corrisponde un altro interno costituito dal volante, dai sedili, dal cruscotto, dal pomello del cambio. Anche qui bisogna lavorare per creare un'estetica della vettura e, in quest'ottica, il volante assume un'importanza fondamentale sul piano ergonomico, come si diceva, ma anche estetico: può essere in tutti i colori che si vuole, con i motivi più diversi, e anche sul piano dei materiali, la gamma è piuttosto ampia, dal legno ai metalli sino alle leghe più avanzate.
Ma c'è un altro aspetto da non trascurare: il volante è in diretto contatto con il motore. Il volante della Ferrari non può essere quello di una Fiat 500, di una vettura utilitaria in sostanza, perché il primo, oltre che rappresentare una vettura, è chiamato ad esprimere una potenza e, in questo caso, l'estetica del volante deve "restituire" la forza del motore».

In che modo è maturato il suo rapporto professionale con Moretti?

«Già durante gli anni dell'università lavoravo per un'azienda farmaceutica di Firenze per poi essere assunto dalla Young and Rubicam, un'importante agenzia di pubblicità di Milano. Quest'ultima si è rivelata una scuola di fondamentale importanza perché mi ha permesso di apprendere il marketing vero, di scuola americana. Dopo altre esperienze professionali sempre legate al marketing e al commerciale in altri settori, ero stato assunto dalla Ferrero, ad Alba, come direttore marketing.
In quello stesso periodo, a Milano, incontro Moretti con il quale non avevo mai perso i contatti. Gli racconto del mio nuovo lavoro e mi risponde: "Alba? Un posto da lupi.. sempre meglio Milano". Poi mi rese partecipe delle difficoltà che stava vivendo in quel momento (siamo nella prima metà degli anni Settanta ndr), con la sua azienda. Diretto come sempre, mi dice: "Ma perché non vieni a lavorare con me?". Gli rispondo che ci avrei pensato ma che, intanto, in amicizia, mi sarei volentieri fermato da lui una settimana per tastare con mano la situazione prima di prendere una decisione.
Mi accorsi subito che c'era un grande potenziale inespresso ma che mancavano del tutto un coordinamento generale per fare un salto di qualità. Mi resi anche conto che la situazione complessiva, sul piano finanziario, era realmente difficile ma alla fine, malgrado le non poche perplessità, ho deciso di accettare l'offerta».

E poi come proseguirono le cose?

«Dopo un periodo molto difficile, con l'aiuto del Dott. Roberto Mayer, abbiamo lentamente iniziato a risanare e a ripianare la situazione, puntando soprattutto sui volanti ma, grazie in particolare agli importanti contatti che lo stesso Moretti aveva tessuto correndo ai quattro angoli del mondo, abbiamo aperto il Marchio a nuovi mercati oltre l'Italia e l'Inghilterra dove Gianpiero già esportava all'epoca qualcosa. Poi il definitivo "boom" di Momo è arrivato negli anni Ottanta quando siamo approdati in Germania, negli Stati Uniti e in Giappone. Lì il fatturato è davvero schizzato alle stelle. Una delle idee vincenti per lo sviluppo dell'After Market a livello internazionale è stata quella di studiare insieme a piloti famosi dei volanti firmati da loro; ad esempio Mario Andretti per il mercato americano e internazionale, Clay Regazzoni, Niki Lauda, Gilles Villeneuve e molti altri, oltre ad aver studiato con Pininfarina e Porsche Design due estetiche nuove di volanti».

In quegli anni Gianpiero era al tempo stesso pilota e imprenditore. Questa duplice veste quanto ha costituito un vantaggio o, viceversa, quanto ha intralciato l'azienda Momo?

«L'attività agonistica di Gianpiero ha avuto soltanto conseguenze positive per l'impresa perché, proprio attraverso le corse, Moretti ha potuto tessere un'incredibile rete di rapporti che sarebbe stato impensabile realizzare senza le gare. In quell'ambiente ha conosciuto una miriade di realtà, di figure, di rivenditori, di addetti ai lavori che poi si sono rivelati fondamentali per la diffusione del prodotto nel mondo. Il contributo che Gianpiero ha dato con le corse è stato determinante, costituendo un autentico volano per l'azienda».

Quando lei è approdato alla Momo, Moretti aveva già iniziato a diversificare il prodotto oppure era ancora tutto concentrato sui volanti?

«No, direi che uno dei problemi iniziali di Moretti è stato proprio l'eccesso di diversificazione: volanti, guanti, tute, scarpe... Nulla di sbagliato, ovvio, se vi fosse stata la giusta coordinazione, la pianificazione necessaria nella vendita e nella diffusione del prodotto. Le

composed of the steering wheel, the seats, the dashboard, the gear knob... Here too you have to work on the creation of an automotive aesthetic and in this sense the steering wheel takes on fundamental importance in ergonomic terms, as we said, but also from the point of view of aesthetics: it can be any colour you want, with the most diverse designs, in terms of materials too the choices are pretty broad, from wood to metals and the most advanced alloys.
There's also another aspect that shouldn't be overlooked: the steering wheel is in direct contact with the engine. A Ferrari steering wheel cannot be the same as that of a Fiat 500, that of a utility car in short, because the former, as well as representing a car, is called upon to express a certain power and, in this case, the aesthetics of the steering wheel must "transmit" the power of the engine».

How did your working relationship with Moretti developed?

«During our university years I was already working for a pharmaceutical company in Florence before being hired by Young and Rubicam, a leading advertising firm in Milan. This last proved to be an experience of fundamental importance as it allowed me to learn about real marketing of the American school. Following a number of other professional experiences in the fields of marketing and sales, I was hired by Ferrero at Alba as marketing director. It was in that period in Milan that I met Moretti, with whom I'd never actually lost touch. I told him about my new job and he replied: "Alba? Out in the sticks... Milan's got to be better".' Then he told me about the problems he was facing at the time [the first half of the 1970s ed.] with his company. As direct as ever, he said: "Why don't you come to work for me?». I told him I'd think about it but that, in the meantime, for friendship's sake, I'd willingly spend a week with him to test the water first hand before making a decision.
I immediately realised that there was enormous unexpressed potential but that there was an absolute lack of the general coordination required to make significant progress. I also realised that the overall situation, in financial terms, was really difficult but in the end, despite not a few preoccupations, I decided to accept the offer».

And how did things go?

«After what was a very difficult period, with the help of Dr Robert Mayer, we slowly began to reorganize and put things back on an even keel, focussing above all on steering wheels but, thanks in particular to the important contacts that Moretti himself had established when racing around all four corners of the globe, we also extended the brand to new markets beyond Italy and Great Britain where Gianpiero had already been exporting something. The definitive "boom" for Momo then arrived in the Eighties when we arrived in Germany, the United States and Japan. Then the turnover really did shoot up. One of the successful ideas for the development of the After Market on an international level was that of designing together with famous drivers steering wheels that they would then sign; for example, Mario Andretti for the American and international market, Clay Regazzoni, Niki Lauda, Gilles Villeneuve and many others, as well as having developed with Pininfarina and Porsche Design two new steering wheel styles».

In those years, Gianpiero was both a racing driver and a businessman. To what extent did this dual role constitute an advantage or, in contrast, did it hinder Momo's development?

«Gianpiero's racing career had only positive effects for the company because it was actually through racing that Moretti was able to piece together an incredible network of relationships that would otherwise have been unthinkable. Within that world he got to know myriad situations, dealers and specialists in the field that were to prove fundamental in the distribution of our products around the world. The contribution that Gianpiero made through racing was determinant and represent an authentic flywheel for the company».

When you joined Momo, had Moretti already begun to diversify the product range or was it all still focussed on steering wheels?

«No, I'd say one of the initial problems Moretti was facing was actually excessive diversification: steering wheels, gloves, overalls, shoes... Nothing wrong that, of course, if there had been the appropriate coordination and planning required for the marketing and distribution of the products. The ideas were there, Gianpiero never had a problem in that respect, what was missing was the necessary organization. It was partly for this reason that we

idee c'erano, a Gianpiero certo non mancavano, ma quello che mancava era la necessaria organizzazione. Anche per questo, ci siamo concentrati quasi ed esclusivamente sul volante per poi passare alla ruota, al cerchio in lega, inizialmente addirittura dotandoci di una fonderia interna».

Che peso e che importanza aveva in quegli anni la produzione di volanti per la F1?

«La prima cosa da dire è che dalla produzione dei volanti da corsa non derivava nessun introito in senso stretto, anche se venivano fornite tutte le scuderie più importanti del mondo. Le faccio un esempio, la Ferrari non ci ha certo mai pagato i volanti che fornivamo per le corse, anzi era un onore per noi. Tutti i proventi venivano dall'aftermarket. Ma questo aspetto aveva una sua logica, nel senso che noi, per molti anni, così facendo, abbiamo avuto modo di abbinare il nostro nome a scuderie famose, in primis a quello Ferrari la macchina più bella, più veloce e più famosa del mondo. Dopo circa venti anni la scritta Momo sul volante è diventata sponsorizzazione per tutti i costruttori e quindi un costo».

Se si considera, come si diceva prima, che Moretti ha iniziato a costruire volanti nei primi anni Sessanta e che, già nel 1964, sulla 158 F1 di John Surtees viene impiegato un Momo, seppur privo di marchio, nasce spontanea la domanda: "Come ha fatto Gianpiero a entrare nell'orbita Ferrari nel giro di così poco tempo?"

«In realtà Moretti non "arrivò" a Ferrari ma a John Surtees. Fu il pilota inglese a provare per primo quel volante, ad apprezzarlo da subito e quindi a volerlo immediatamente adottare. Immagino che in quel momento al Commendatore potesse anche interessare relativamente poco quale volante montassero le sue F1, sì, insomma, lo considerasse in qualche modo una delle tante appendici di una vettura da corsa.
L'evento realmente importante per noi, sul piano aziendale, è coinciso con il momento in cui abbiamo iniziato a fornire volanti anche per le Ferrari GT: quei volanti in pelle con le razze in alluminio nero spazzolato e con il logo Momo, impresso accanto al Cavallino rampante piazzato sotto il clacson, sono diventati un'autentica icona che ha fatto il giro del mondo.
Era talvolta lo stesso Moretti, nei primissimi tempi, quando si doveva fare una consegna importante, all'ultimo momento ma comunque in tempo, a partire dallo stabilimento di Verona, in macchina, fiondandosi a Maranello con la fornitura di volanti richiesta.
Non bisogna dimenticare che abbiamo sempre fornito circa il 70% a livello internazionale. Molte volte ci meravigliamo anche noi di vedere la nostra forte presenza sui volanti da corsa in tutti i musei dell'auto del mondo».

Vedendo qui nel suo ufficio la 333 SP di Gianpiero, una di quelle con cui gareggiò negli Stati Uniti, mi sorge spontanea una domanda. Moretti ha spesso corso con il n. 30. Che lei sappia, c'era una ragione particolare?

«Dopo vent'anni di esperienza nelle corse americane è stato Gianpiero Moretti a spingere e convincere Piero Ferrari a costruire una Ferrari 333 SP, per le gare IMSA americane.
Con la 333 Moretti ha vinto la 24 ore di Daytona e la 12 ore di Sebring nel 1998.
Non saprei dirle perché abbia usato in maniera ricorrente il n. 30. Forse, una delle prime volte in cui ha corso e magari vinto, la vettura recava proprio quel numero al quale è poi rimasto legato, ad esempio per un fatto scaramantico. In ogni caso, conoscendo Gianpiero, sono portato a pensare che non vi fosse chissà quale ragione».

Ancora a proposito del logo Momo, che cosa può dirmi sulla sua genesi o sulla scelta dei colori e delle scritte?

«Il logo Momo, almeno in una prima fase, andava scandito di due parti MO MO, non a caso scritto su due righe, realizzato da un grafico di nome Ball che abitava in via Pisacane a Milano. Solo in una fase successiva il logo ha assunto un andamento lineare. Il perché del giallo è dovuto alla grande visibilità che questo colore ha sia su fondo bianco che nero.
Il logo abbinato alla freccia è invece quello di Momo Corse dove, proprio la freccia sta a esprimere velocità, dinamismo oltre che una direzione di lettura. Ma bisogna ricordare che la freccia già figurava in precedenza quando era solo...metà freccia».

Ho un'altra domanda: cosa ricorda dell'avventura tecnica del volante con l'airbag. Come è nata e come si è sviluppata?

focussed almost exclusively on steering wheels before moving on to the wheel, the alloy wheel, initially even equipping ourselves with an in-house foundry».

What significance and importance did the production of steering wheels for F1 have in those years?

«The first thing that has to be said is that the production of steering wheels for racing cars brought nothing in terms of cash income, even though we were supplying all the world's most important teams. I'll give you one example, Ferrari certainly never paid for the steering wheels we supplied for racing, in fact it was an honour for us. All the profits came from the aftermarket. However, there was a logic to this aspect in these sense that for many years by operating in this way we were able to associate our name with those of famous teams, above all that of Ferrari, maker of the most beautiful, fastest and most famous cars in the world. After around 20 years, the Momo script on the steering wheel became a form of sponsorship for all the constructors and therefore a cost».

If we consider that, as we said earlier, Moretti began making steering wheels in the early Sixties and that by 1964 a Momo, albeit unbadged, was already being used on John Surtees' 158 F1, it is only natural to ask: "How did Gianpiero manage to find a way into the Ferrari stronghold so quickly?

«In reality, it wasn't Ferrari that Moretti got to but John Surtees. It was the English driver who was the first to try that steering wheel, like it and immediately want it on his car. I'd imagine that at that point the Commendatore would have cared relatively little about what steering wheel was fitted to his F1 cars, that's to say he would have considered it just one of the many appendices of a racing car.
The really important event for us, from a business point of view, coincided with the moment in which we began to supply steering wheels for the Ferrari GTs too: those wheels in leather with black brushed aluminium spokes and the Momo logo stamped alongside the Prancing Horse below the horn button became an authentic icon that travelled the world.
It was at times Moretti himself, in the very early days, when there was an important delivery to be made, at the last moment but nonetheless still in time, who would leave the Verona factory by car, dashing to Maranello with the batch of steering wheels requested.
It shouldn't be forgotten that we have always supplied around 70% on an international level. We frequently surprise ourselves with regard to the strength of our presence on the steering wheels of racing cars in all the world's car museums».

Seeing Gianpiero's 333 SP here in your office, one of cars he raced in the United States, made me think of a question. Moretti often raced with the number 30. As far as you know, was there any particular reason for this?

«After 20 years racing in America, it was Gianpiero Moretti who encouraged and convinced Piero Ferrari to construct as Ferrari 333 SP for the American IMSA races.
Moretti won the Daytona 24 Hours and the Sebring 12 Hours with the 333 in 1998.
I wouldn't know why he continued to use the number 30. Perhaps in one of the races in which he competed and perhaps won, the car carried that number to which he remained attached for superstitious motives. In any case, knowing Gianpiero, there probably wasn't any particular reason».

Going back to the Momo logo, what can you tell me about its genesis or the choice of colour or fonts?

«The Momo logo, at least initially, was divided into two syllables MO MO, written not coincidentally on two lines, created by a graphic designer by the name of Ball who lived in Via Pisacane in Milan. Only later did the logo take on a linear configuration. The choice of yellow was based on the great visibility of the colour whether on a white or black ground.
The logo combined with the arrow is instead that of Momo Corse, with the arrow expressing speed and dynamism as well as a direction for reading. It should be remembered that the arrow also featured earlier… when it was just half an arrow».

I have another question: what do you remember about the technical adventure of the wheel with the airbag.
Haw did it come about and how did it develop?

«Noi avevamo capito che, con i nostri mezzi, l'airbag non avremmo potuto realizzarlo sul piano tecnico. Così ci siamo limitati a creare la struttura che potesse accoglierlo ma non abbiamo mai prodotto un volante già comprensivo di questo dispositivo».

Quando avete avvertito la necessità di scorporare da Momo il comparto Momo Design?

«Momo Design è stata creata già separatamente nell'ottica di sviluppare il design, non soltanto dei volanti e delle ruote, dunque del prodotto più tradizionale, ma anche di altri oggetti non solo legati all'automobile. Tutto accadde in modo abbastanza casuale diversi anni fa quando mi venne a trovare un giornalista che, al polso, aveva un orologio completamente bianco, senza numeri, assolutamente minimalista, un bellissimo oggetto di design. Pensai subito che, su quello schema, si sarebbe potuto realizzare il primo orologio di Momo Design, e così è stato.
Il primo nome che avremmo voluto utilizzare era Momo Project ma poi abbiamo preferito Momo Design; siamo nei primissimi anni Ottanta.
Gianpiero apprezzava molto questo progetto, questa idea, tanto che, dopo qualche tempo dalla nascita della Momo Design, volle gestire questo marchio personalmente lasciandolo a noi solo in una seconda fase.
Sia per me che per lui questa realtà costituiva un valore aggiunto, come dire: Momo + Design. Quando poi, nella prima metà degli anni Novanta, Moretti decise di vendere l'azienda in America, anche il marchio Momo Design...attraversò l'Atlantico prima che io stesso lo riacquistassi nel 1998 quando ancora collaboravo con la società americana».

Quindi, quando lei ha acquisito nel 1998 il marchio Momo Design lo ha fatto nello stesso anno in cui Moretti vinceva la 24 Ore di Daytona con la 333 SP. Cosa ricorda di quel folgorante secondo tempo nella carriera sportiva di Gianpiero?

«Per lui fu una fase assolutamente esaltante, spettacolare, tanto più perché, di lì a poco, fu colpito dalla malattia che poi, negli anni, gli sarebbe risultata fatale.
Apro una parentesi: Gianpiero, pur a fronte dei dolori indicibili che provava negli ultimi tempi, quando lo andavo a trovare e si usciva sul balcone a fumare un sigaro, vedevo che soffriva, ma non l'ho mai sentito lamentarsi. Se n'è andato da duro, senza batter ciglio, senza mai dire una parola sul suo calvario. In fondo, come sempre aveva fatto nella vita».

«We realised that with our resources, we'd never have been able to develop the airbag on a technological level. We therefore restricted ourselves to creating the structure that could house it but we have never produced a steering wheel complete with the device».

When did you feel the need to split Momo and the Momo Design division?

«Momo Design was created separately from the outset with the intention of developing design, not only of steering wheels and alloy rims, that is to say our traditional products, but also other objects not necessarily associated with the automotive sphere. Everything came about fairly casually a some years ago when I met with a journalist who was wearing a completely white wrist watch with no numbers, absolutely minimalist, a beautiful design object. I immediately thought that along those lines the first Momo Design watch might be realised, and so it was.
The first name we thought about using was Momo Project, but then we went with Momo Design, this was back in the very early Eighties.
Gianpiero was very interested in this project, this idea, So much so that, some time after the birth of Momo Design he wanted to handle the brand personally, only leaving it to us in a second phase.
For both me and for him this structure represented an added value, that is, Momo + Design. Then, when in the first half of the 1990s, Moretti decided to sell the company in America the Momo Design brand also crossed Atlantic before I reacquired it myself in 1998 when I was still working with the American company».

So, when you bought the Momo Design brand in 1998 it was in the same year in which Moretti won the Daytona 24 Hours with the 333 SP. What do you remember about that second, dazzling period in Gianpiero's racing career?

«For him it was an incredibly exciting, spectacular period, all the more so because shortly afterwards he was struck by the disease that over the years was to prove fatal.
Changing the subject somewhat: Gianpiero, despite the unspeakable pain he suffered in the final period, when I went to see him and we would go out onto the balcony to smoke a cigar, I could tell he was suffering but I never heard him complain. He went out with his head high, without batting an eyelid, without ever saying a word about his ordeal. In short, just as he had done throughout his life».

In Formula 1... sempre con stile

John Surtees su Ferrari si laurea Campione del mondo 1964 e lo strumento primo dei suoi avveduti e magistrali colpi di sterzo è un volante realizzato e messo a disposizione da Gianpiero Moretti.
Cominciare il proprio impegno di fornitore in F1 con un titolo iridato è un punto di partenza che come minimo toglie l'ansia di vittoria. Moretti a soli 24 anni d'età raggiunge prima la laurea iridata da artigiano del volante, rispetto a quella scolastica a Scienze Politiche, che comunque arriverà.
Nel frattempo le soddisfazioni da imprenditore sui campi di gara abbondano.
D'altra parte la sua abilità è quella d'essere pilota e uomo d'ingegno, oltre che d'industria. Coniugare passione e mestiere in fondo è il modo migliore per scoprire e rendere preziosa una propria personalissima pietra filosofale esistenziale, riuscendo a dare alla sua creatura, la Momo, impegnata sul palcoscenico del Cirucus – sempre più mediatico, globale ed economicamente remunerativo –, immagine, sostanza e prospettive.
I piloti, piccoli e grandi, simpatizzano, fraternizzano, si fidano di Gianpiero, perché oltre a essere bravo ci sa fare ed è uno di loro. E prima su tutte a fidarsi di Moretti e della Momo è proprio la Ferrari.
Certo, vedere che Jackie Stewart è uno che si fa fare perfino il berretto da Gianpiero è un segnale, sapere che gente come Mario Andretti e Clay Regazzoni vincendo nel mondo stringono volanti Momo rappresenta un asset significativo, anche se nulla eguaglia il rapporto privilegiato con la Ferrari del Drake in fatto di prestigio, nobiltà corsaiola e non solo.
Anni e anni di collaborazione stretta, nella buona e nella cattiva sorte, con un colpo d'ala nella rinascita della prima era Montezemolo che pone sotto i riflettori un grande

In Formula 1... always with style

When John Surtees drove the Ferrari F1 to the World Championship title in 1964 the principal instrument of his fantastic car control was the steering wheel made and provided by Gianpiero Moretti.
Beginning one's career as an F1 supplier with a world title is guaranteed at the very least to cure any performance anxiety. Moretti graduated as a steering wheel craftsman at just 24 years of age, his academic degree in Political Sciences was to follow a little later.
In the meantime, his business success at the racing circuits expanded.
He had the distinct advantage of being a driver, a man of ideas and an entrepreneur. Combining passion and business proved to be the best way for Moretti to discover and valorise his personal existential philosopher's stone as he succeeded in lending his creature, Momo, image, substance and prospects in the ever-more media-driven, global and remunerative motorsport circus.
The drivers, professionals and amateurs, liked, hung out with and trusted Gianpiero because as well being talented, he knew what he was doing and was one of them. And the very first to trust Moretti and Momo was none other than Ferrari.
Certainly, the fact that Jackie Stewart actually had his cap made by Gianpiero and that people such as Mario Andretti and Clay Regazzoni were winning around the world with Momo steering wheels in their hands represented significant assets, but nothing matched the privileged relationship Momo enjoyed with the Drake's Ferrari in terms of prestige, racing pedigree and so on.
Years and years of close collaboration, in good times and bad, with a stroke of luck in the rebirth of the first Montezemolo era that trained the spotlights on a great

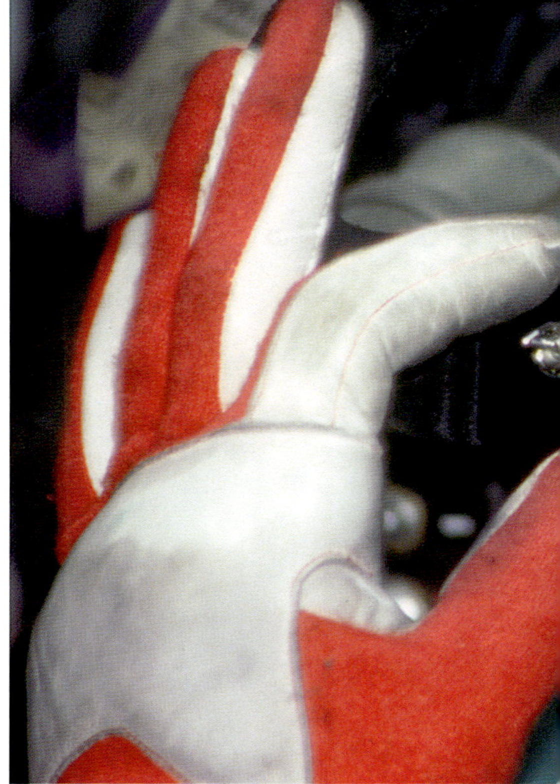

Il più mediatico e apprezzato testimonial della Momo alla fine degli anni Settanta è stato senza dubbio Niki Lauda. Eccolo in una delle pubblicità che comparivano sulle riviste specializzate e non nel 1978, quando si formò il connubio con la Brabham-Alfa Romeo.

The most media-friendly and best-loved Momo testimonial in the late 1970s was without doubt Niki Lauda. Here he is in one of the advertisements that appeared in the specialist press and elsewhere in 1978, when he joined Brabham-Alfa Romeo.

Jackie Stewart, in basso con la Tyrrell 001 nel 1971, sarebbe diventato uomo immagine Momo negli anni a venire. Sotto, un'altra famosa accoppiata: Emerson Fittipaldi e la Lotus 72, nel 1972. Il brasiliano è stato un altro campione del tempo ad apprezzare i prodotti Momo.

Jackie Stewart, bottom with the Tyrrell 001 in 1971, he was to become a Momo testimonial in future years. Below, another famous pairing: Emerson Fittipaldi and the Lotus 72 in 1972. The Brazilian was another champion of the era who appreciated Momo products.

campione in divenire, il più noto, mediatico e carismatico dalla seconda metà degli anni Settanta: Niki Lauda, un collettore formidabile di pubblicità e mercato.
Sarà proprio puntando su Niki testimonial, nel frattempo separatosi dalla Ferrari per la Brabham-Alfa Romeo-Parmalat, che Gianpiero attirerà nel 1978 le ire del Drake, deciso a sospendergli per rappresaglia un anno di fornitura. Ma nel frattempo si consolida il legame col team di Bernie Ecclestone, che presto darà alla Momo nuovi e sfolgoranti successi in F1, come se si trattasse d'un razzo pronto a sfruttare un'accensione a doppio stadio.
Nel 1983 infatti Nelson Piquet, già iridato nel 1981, coglie il primo storico titolo con il motore turbo, un Bmw 4 cilindri montato sulla Brabham, che utilizza ruote il lega leggera prodotte e marchiate dalla Momo.
E il destino in F1 è tale per cui praticamente tutti i più grandi campioni della disciplina nell'era moderna, prima o poi correranno con prodotti Momo, primo fra tutti Gilles Villeneuve in quanto punta di lancia della Ferrari. Nigel Mansell sterza in Momo fin dall'alba della sua avventura nel Mondiale, nel 1982 con la Lotus, quando il suo compagno di squadra De Angelis vince in Austria il suo primo Gp, impugnando ovviamente un volante Momo.
Lo stesso Michele Alboreto, quando sfiora il titolo con la Ferrari nel 1985, è un fiero portacolori Momo.
E poi, c'è quel brasiliano, quel Senna Da Silva che fa faville in F1 sin dal suo primo anno, il 1984, ma che una volta approdato in Lotus, terrà fra le mani proprio un Momo, incastonato nell'abitacolo dell'indimenticabile monoposto inglese nera e oro prima e, poi, dal 1987, tutta gialla e dotata di sospensioni intelligenti.
Il 1989 è un anno di svolta, con la Ferrari F1-89, creatura di quel genio di John Barnard, che porta per la prima

champion to be, the most famous, media-savvy and charismatic of the second half of the 1970s: Niki Lauda, a formidable collector of advertising and market shares.
When Niki left Ferrari for Brabham-Alfa Romeo-Parmalat in 1978, Gianpiero continued to focus on him as a face of Momo, attracting the ire of the Drake who decided to suspend orders for a year in reprisal. The links with Bernie Ecclestone's team had instead become stronger and were soon to bring Momo stunning new success in F1 as if the firm were some kind rocket ready to exploit a second stage ignition.
In 1983, in fact, Nelson Piquet, already a championship winner in 1981, collected the first historic title with a turbocharged engine, the four-cylinder BMW mounted in the Brabham, which used light alloy wheel produced and branded by Momo.
Fate had it, in fact, that virtually all of the great F1 champions of the modern era were sooner or later to race with Momo products, first and foremost Gilles Villeneuve as the spearhead of the Ferrari challenge. Nigel Mansell steered with Momo from the outset of his World Championship career in 1982 with Lotus, when his teammate De Angelis won his first Grand Prix in Austria, naturally while gripping a Momo steering wheel.
Michele Alboreto, who just missed out on the championship title in 1985 with Ferrari was a proud Momo standard-bearer.
Then there was the Brazilian, the one and only Senna Da Silva who sparkled in F1 from his debut season in 1984, but who once he had arrived at Lotus was to have a Momo in his grip in the cockpit of the unforgettable British car, firstly black and gold and then all-yellow with intelligent suspension.
1989 represented a turning point, with the Ferrari F1-89, a creation of the genius John Barnard, which introduced

In formula 1... sempre con stile

prima volta nel Circus il cambio al volante. È il segnale che un semplice accessorio sta assumendo sempre più importanza, tanto che ben presto e sempre più progressivamente s'avvierà a diventare involucro di strumentazione ed elaborazione dati, trasformandosi in cruscotto semovente. E sarà proprio in questo momento che la Momo saprà dimostrarsi perfettamente al passo coi tempi, visto che non segue solo la Ferrari dei vari Nigel Mansell, Alain Prost – che sfiora il Mondiale nel 1990, Gerhard Berger o Jean Alesi –, ma vanta anche un rapporto privilegiato con altri nomi del Circus che profumano d'Italia, quali Minardi, Scuderia Italia e Benetton, quest'ultima a partire dall'era del bravo e sfortunato Alessandro Nannini, fino all'unica vittoria del senese in F1, al Gp del Giappone 1989.

Quella è una stagione in cui la Momo dimostra non solo capillarità nel suo impegno nei Gp ma anche versalilità e capacità di venire incontro alle esigenze più particolari. Tanto per limitarsi a un esempio, il tecnico Gérard Ducarouge realizza per il tre volte Campione del mondo Nelson Piquet una monoposto, la 101 a motore Judd, dall'abitacolo talmente angusto, che il volante deve essere sagomato e tagliato appositamente per poter adempiere alla sua funzione.

Nessun problema: la Momo interviene e realizza una cloche su misura. È un altro segno dei tempi: nella massima Formula ormai le esigenze dei team si diversificano sempre più e, per stare al passo, ciascuna relazione diventa particolare e occasione di impegno dettagliato quasi fosse esclusivo.

Gli anni volano, i successi si susseguono e nuovi campioni in divenire affilano le armi nel Mondiale impugnando volanti Momo, come i rookie Mika Häkkinen nel 1991-1992 e Alessandro Zanardi nel 1993.

In Formula 1...always with style

the F1 circus to steering wheel gear shifting. This was a sign that a simple accessory was becoming increasingly important, so much so that soon and ever more progressively it was to become a shell for instruments and data processing equipment, becoming a mobile dashboard.

It was at this moment that Momo proved its capacity to move with the times, given that it equipped not only the Ferraris of Nigel Mansell, Alain Prost – who just missed out on the title in 1990 – Gerhard Berger and Jean Alesi, but also enjoyed a privileged relationship with other names from the F1 circus with Italian connections such as Minardi, Scuderia Italia and Benetton, this last from the era of the talented but unfortunate Alessandro Nannini, through to the Siena-born driver's single F1 victory in the Japanese GP in 1989.

That was a season in which Momo demonstrated both a wide-ranging commitment to Grand Prix racing and a versatility and willingness to satisfy the most specific demands. For example, the engineer Gérard Ducarouge created a car for the three-time World Champion Nelson Piquet, the Judd-powered 101, with a cockpit so tight that the steering wheel had to be specially sculpted and cut away so that it could be used.

No problem: Momo stepped up to the plate and created a bespoke joystick. This was another sign of the times: in the blue ribbon Formula the teams had ever more diversified requirements and in order to keep up each client had to be treated individually and demanded a detailed commitment that was virtually exclusive.

The years sped past, success followed success and new up-and-coming drivers sharpened their skills in the World Championship while gripping Momo steering wheels, stars of the calibre of rookie Mike Häkkinen in 1991-1992 and Alessandro Zanardi in 1993.

Jackie Stewart nel 1973 conquistò con la Tyrrell il suo terzo mondiale di F1, con volanti Momo. Al centro, Ronnnie Peterson con la Tyrrell P34 6 ruote, anch'egli cliente dell'azienda, e all'inseguimento della Lotus 79 del compagno Mario Andretti iridato nel 1978, anche lui, in basso, uomo Momo.

–

Jackie Steward won his third F1 World Championship title in 1973 using Momo steering wheels. Centre, Ronnie Peterson in the six-wheel Tyrrell P34, another of the firm's clients, chasing the Lotus 79 of Mario Andretti, world champion in 1978 and, bottom, another Momo man.

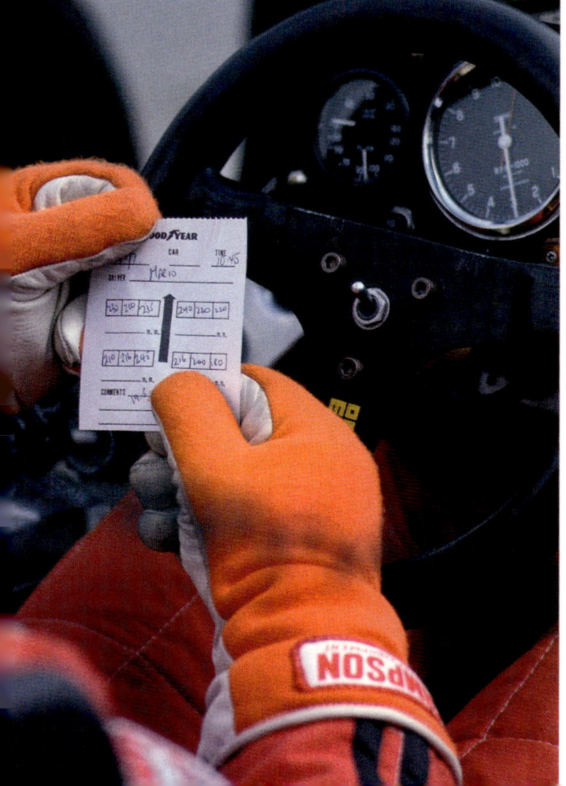

Il 1994 è un anno spartiacque e a conquistare il titolo è un pilota destinato a diventare il più vincente di sempre: Michael Schunacher al volante della Benetton B194 a motore Ford, che non a caso utilizza un volante Momo, a coronamento dell'ultimo anno di una lunga *partnership*.
Il pilota tedesco ritroverà il volante Momo al momento del suo clamoroso passaggio alla Ferrari in vista della stagione 1996 e, da lì in poi, fino all'inizio del nuovo millennio, saranno tanti ed esaltanti i giorni di gloria per entrambi.
Tra Momo e la F1 il rapporto prosegue, fino a sforare serenamente e prestigiosamente il mezzo secolo.
E quando nel 2012 si celebra il ritorno negli Usa del Mondiale, sul nuovissimo tracciato di Austin, nel Texas, a inaugurare formalmente la nuova avventura è il 72enne Mario Andretti, che porta a spasso una folla di giornalisti su una monoposto di F1 opportunamente adattata, la Jordan triposto, che sfoggia una sfolgorante sponsorizzazione Momo. Un piccolo-grande momento simbolo, ponte tra passato, presente e futuro.
Vi è coinvolto Mario Andretti, classe 1940, coetaneo del compianto Gianpiero oltre che suo grande amico e fedele fruitore del marchio nell'arco di una carriera lunghissima e inimitabile.
L'evento promozionale avviene in America, la terra prima sognata, poi vissuta da pilota e imprenditore, quindi alfine conquistata a suo modo, in pista e sul mercato, dal fondatore della Momo.
Il tutto nell'arco di oltre cinque decadi di militanza dell'azienda nella massima formula. Sempre ai massimi livelli, sempre inseguendo un sogno puntualmente tramutato in realtà.

1994 was a watershed year with the title going to a driver destined to become the most successful of all time: Michael Schumacher in the Ford-powered Benetton B194, which not coincidentally used a Momo steering wheel, crowing the last year of a long partnership.
The German driver was reunited with Momo steering wheels when he made his sensational move to Ferrari ahead of the 1996 season and from then on, through to the beginning of the new millennium, there were to be numerous days of glory for both.
The relationship between Momo and F1 continued and approached a prestigious half-century.
And when in 2012 there were celebrations for the Championship's return to the United States on the brand new track in Austin, Texas, it was none other than the 72 year-old Mario Andretti who ferried a crowd of journalists around in a suitably modified three-seater Jordan F1 car with eye-catching Momo sponsorship. A wonderfully symbolic moment, a bridge between past, present and future.
Mario Andretti, class of 1940, just like the late Gianpiero, as well as being a great friend of Moretti and a faithful user of his products over the course of his long, inimitable career.
The promotional event took place in America, the land firstly dreamt about and then experienced by the Momo founder before being conquered on his own terms on the track and the market.
All this during the firm's presence for over five decades competing in the world's greatest motorsport championship. Always at the highest levels, always chasing a dream that was regularly transformed into reality.

J&B'S

ALFA ROMEO
momo
ACQUA

momo

GPA
MOMO
DENIM

A inizio anni Ottanta, il volante Momo in F1 era un must, oltre che per la Ferrari anche per l'Alfa Romeo e molti dei piloti italiani che militavano nei gran premi; si riconoscono, nella pagina a fianco, Vittorio Brambilla Alfa Romeo (1980) e Bruno Giacomelli, oltre a Beppe Gabbiani, driver Osella nel 1981. Il volante qui ritratto è proprio quello dell'Alfa Romeo del 1983, in basso.

In the early Eighties the Momo steering wheel was a must in F1 for Ferrari but also for Alfa Romeo and many of the Italian Grand Prix drivers; on the opposite page, Vittorio Brambilla, Alfa Romeo (1980) and Bruno Giacomelli an Osella driver in 1981 with Beppe Gabbiani. The steering wheel seen here is from the 1983 Alfa Romeo, bottom.

Tutti i volanti scontornati che figurano fra le pagine 41-49 e 95-101 appartengono alla "Collezione Museo Nicolis-Villafranca Verona"

All the outlined steering wheels appearing on pages 41-49 and 95-101 belong to the "Collezione Museo Nicolis – Villafranca Verona".

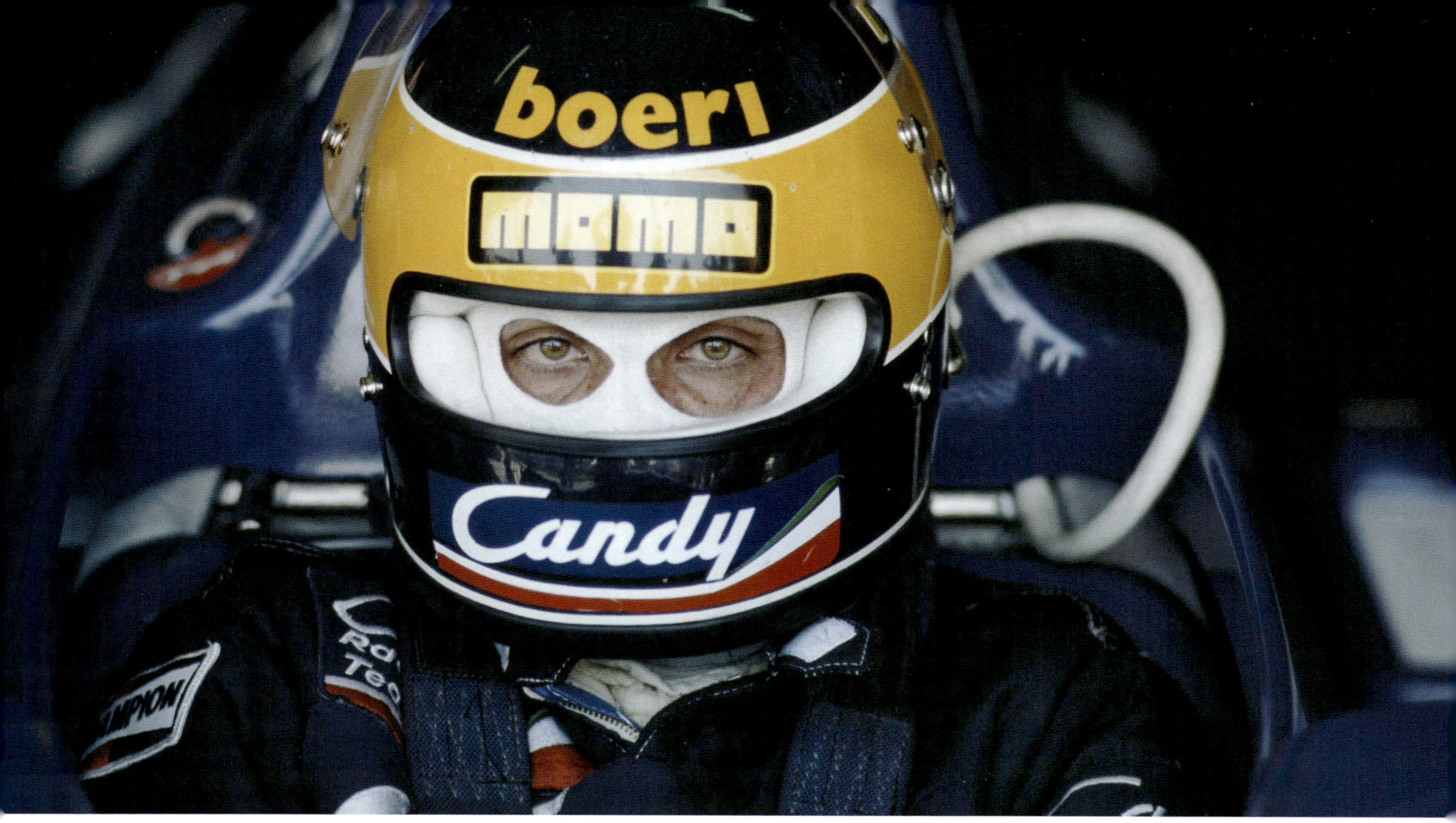
boeri
momo
Candy

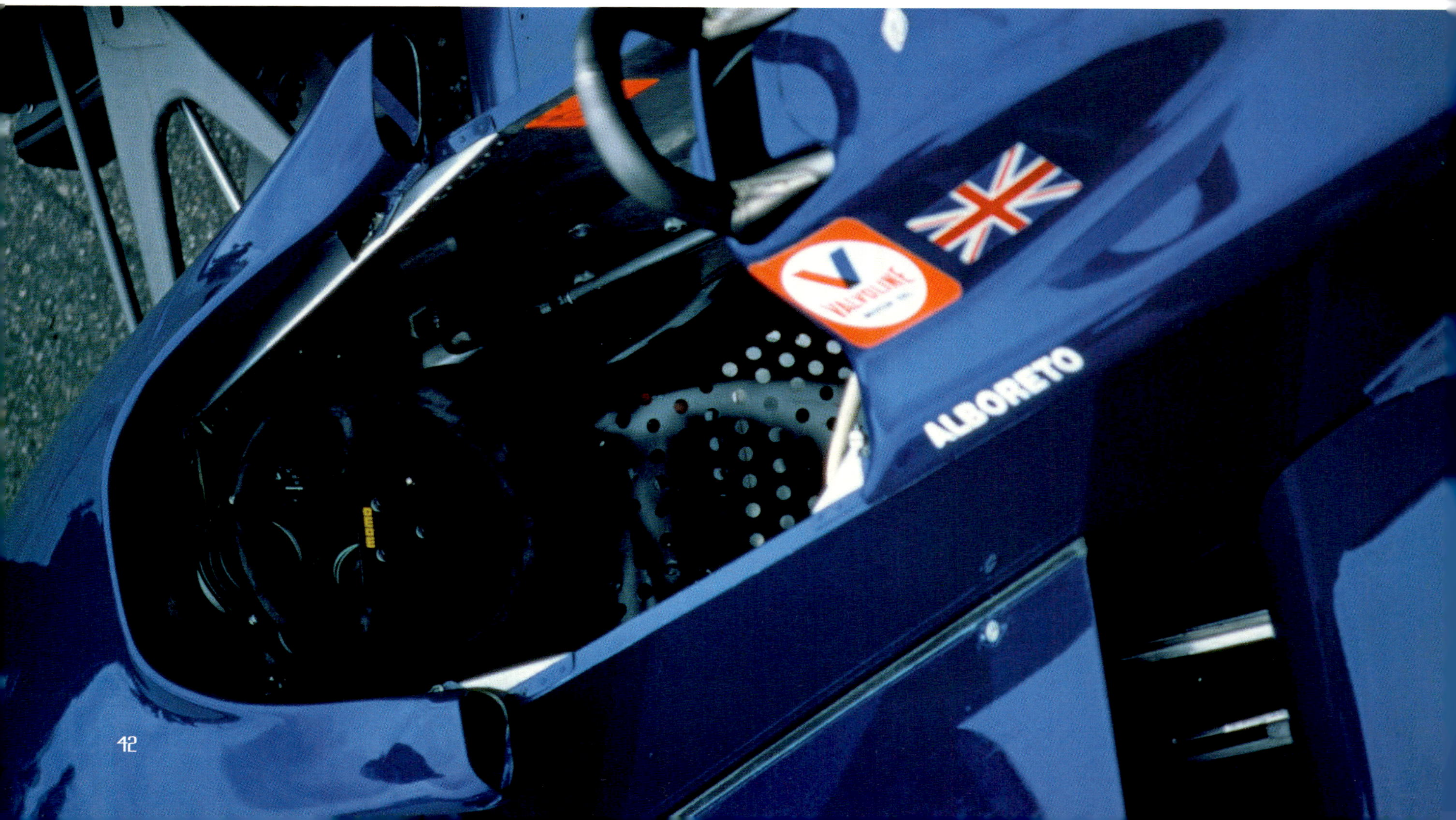
VALVOLINE
ALBORETO

A sinistra, un prestigioso uomo Momo: Michele Alboreto, debuttante in F1 con la Tyrrell nel 1981. Un'era in cui quel volante era un punto di riferimento anche per la Lotus, a destra; nella foto sopra, il modello utilizzato da Elio De Angelis nel 1982, anno della sua prima vittoria in F1, a Zeltweg, in Austria.

Left, a prestigious Momo "face": Michele Alboretto who debuted in F1 with Tyrrell in 1981. This was an era in which that steering wheel was a point of reference for Lotus too, right; in the photo above, the model used by Elio De Angelis in 1982, the year of his fiorst F1 victory at Zeltweg in Austria.

Tra i team più fedeli e vincenti all'alba degli anni Ottanta con i volanti Momo spicca senz'altro la Brabham di Bernie Ecclestone, vincitrice del Mondiale 1981 con Nelson Piquet al volante della Bt49 motorizzata Ford.

Among the most faithful and successful of the teams using Momo steering wheels in the early Eighties was without doubt Bernie Eccelstone's Brabham, winners of the 1981 World Championship with Nelson Piquet at the wheel of a Ford-powered BT49.

Il 1983 segnò un traguardo storico nella storia della F1, con il primo Mondiale conquistato da un pilota al volante di una monoposto, la Brabham, spinta da un motore turbo (4 cilindri Bmw), ovviamente cliente Momo; il volante scontornato è quello della Brabham di Piquet del 1981.

1983 saw an historic moment in the history of F1 with the first World Championship to be won by a driver at the wheel of a car, the Brabham, powered by a turbocharged engine (the four-cylinder BMW), obviously a Momo client; the wheel seen against is that from Piquet's 1981 Brabham.

Un altro rapporto molto speciale quanto prestigioso fu quello che legò la Momo a uno dei più grandi piloti della storia della F1: Ayrton Senna, negli anni della sua militanza alla Lotus (nello spettacolare disegno a sinistra, il modello 1985). Sotto, il campionissimo brasiliano in azione a Montecarlo nel 1987, con la Lotus a motore Honda.

Another very special and particularly prestigious relationship was the one that tied Momo to one of the greatest drivers in the history of F1, Ayrton Senna, during his time at Lotus (in the spectacular drawing on the left, the 1985 model). Below, the Brazilian great in action at Monte Carlo in 1987 with the Honda-powered Lotus.

A proposito di Senna e Lotus, ecco il volante Momo impugnato da Ayrton in occasione del Gp di Monaco 1987. In basso, materiale pubblicitario che illustra le forniture di alcuni team impegnati nel Mondiale.

This is the Momo steering wheel used by Ayrton on the occasion of the Monaco Grnad Prix in 1987. Bottom, advertiisng material featuring Momo-equipped teams involved the World Championship.

Nella seconda metà degli anni Ottanta, la Momo occupava una posizione strategica centrale come fornitore nel Circus della F1. Dall'alto, la Williams con Mansell, cui apparteneva il volante ritratto in questa pagina, la Benetton con Nannini e la Lotus con Piquet.

In the second half of the 1980s, Momo occupied a strategic central position as a supplier to the F1 circus. From the top, the Williams with Mansell, to whom the wheel pictured at the top belonged, the Benetton with Nannini and the Lotus with Piquet.

A metà anni Novanta, precisamente dal 1994, si apre la saga iridata vincente di Michael Schumacher, ovvio, con volanti Momo, montati dalla Benetton; in alto, ecco il campione tedesco con la B195 del 1995, mentre i tre volanti in basso sono quelli da lui utilizzati alla Jordan nel 1991, anno dei suo debutto in F1, e alla Benetton nel 1994 e nel 1995.

In the mid-Nineties, 1994 to be precise, Saw the opening of the successful world championship saga starring Michael Schumacher, with Momo steering wheels naturally fitted to his Benetton cars; top, the German champion with the B195 in 1995, while the three steering wheels at the bottom are those he used with Jordan in 1991, the year of his F1 debut, and at Benetton in 1994 and 1995.

Oltre alla F1, l'impegno Momo è di livello anche nelle altre principali categorie dell'automobilismo: Patrick Tambay su Jaguar XJR9 LM alla 24 Ore di Le Mans 1989, prima della partenza. Nella pagina a fianco, l'IMSA, il Mondiale Prototipi, rally, le gare Turismo e le Formule minori, tutte ritratte nella pubblicistica ufficiale della Casa dell'epoca.

As well as F1, Momo has also been committed to supplying the other main motorsport categories: Patrick Tambay in the Jaguar XJR9 at the Le Mans 24 Hours in 1989, before the start; on the facing page, IMSA, the World Championship for Prototypes, rallying, Touring Car races and the minors formulas all portrayed in the firm's official advertising of the time.

SPORT · IMSA

RALLY · GROUP.A

Tutti i modelli sono disponibili in pelle nera, liscia o scamosciata.
All models are available in black leather or suede.

Mod. 12 ⌀ mm. 250 mm. 260

Mod. 22 ⌀ mm. 280

Mod. 27 ⌀ mm. 270

Tutti i modelli sono disponibili in pelle nera, liscia o scamosciata.
All models are available in black leather or suede.

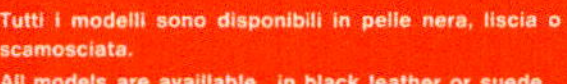

Mod. 03 ⌀ mm. 350

Mod. 78 ⌀ mm. 330 mm. 350

Mod. 69 ⌀ mm. 350

Stewart

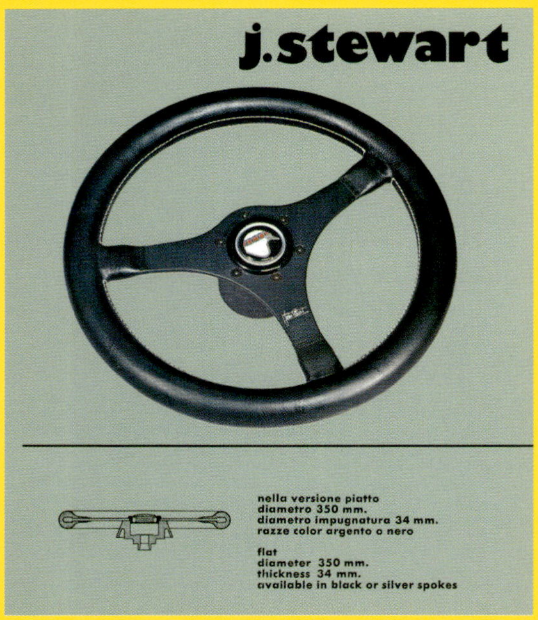

Nel corso degli anni, Momo ha prodotto volanti destinati a vetture di produzione e "battezzati" con il nome di grandi campioni di F1, fruitori in gara dei prodotti di Gianpiero Moretti. Primo fra tutti, il tre volte iridato Jackie Stewart.

Over the course of the years, Momo has produced steering wheels destined for production cars and "baptised" with the names of great F1 champions who have used Gianpiero Moretti's products. First and foremost, the three-time champion Jackie Stewart.

Ickx

Jacky Ickx, top driver in F1 e "signore" delle gare Endurance, dette nome anche lui a un volante Momo.

Jacky Ickx, a leading F1 driver and a "king" of endurance racing has also lent his name to a Momo steering wheel.

Peterson

Ronnie Peterson è ricordato come uno dei piloti più forti a non aver vinto il Mondiale e anche a lui la Momo dedicò uno dei suoi modelli.

Ronnie Peterson is remembered as one of the fastest drivers never to win a World Championship and Momo has dedicated one of its models to him too.

Lauda

Nel 1975, con la 312 T, Niki Lauda riportò al titolo iridato la Ferrari, dopo un digiuno durato ben undici anni. Un ottimo motivo per celebrare questo storico evento intitolando uno dei volanti Momo al "campionissimo" austriaco.

In 1975, with the 312 T, Niki Lauda brought the World Championship title back to Ferrari after no less than 11 years. An excellent reason to celebrate this historic event by naming one of the Momo steering wheels after the great Austrian driver.

n.lauda

nella versione a calice
diametri 355 • 370 mm.
diametro impugnatura 32 mm.
razze color argento o nero

semi-dish
diameter 355 • 370 mm.
thickness 32 mm.
available in black or silver spokes

Regazzon

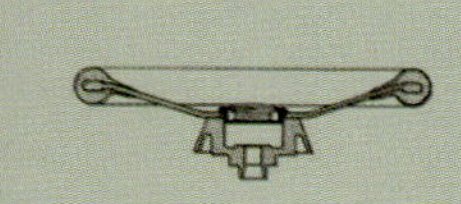

nella versione a calice
diametro 350 mm.
diametro impugnatura 30 mm.
razze color argento o nero

semi-dish
diameter 350 mm.
thickness 30 mm.
available in black or silver spokes

A metà degli anni Settanta, Clay Regazzoni, vice Campione mondiale del 1974 e pilota Ferrari, è uno dei volti più popolari del Circus e anche lui dà nome a un modello Momo.

In the mid-Seventies, Clay Regazzoni, vice-champion of the world in 1974 and a Ferrari driver, was one of the most popular figures in the F1 circus and a Momo model carries his name.

Andretti

Il 1978 è l'anno del trionfo nel Mondiale di F1 dell'Italo-americano Mario Andretti, al volante della Lotus 79-Cosworth. Un personaggio noto nei due mondi dell'automobilismo, in Europa quanto in America. Un'occasione speciale per dedicargli un volante Momo, puntualmente colta.

1978 was the year of triumph in the F1 World Championship for the Italo-America Mario Andretti at the wheel of the Lotus 79 Cosworth. A figure as well known in American racing as he was in Europe. A special occasion worthy of dedicating a Momo steering wheel to him.

Villeneuve

Dalla fine del 1977 al tragico 8 maggio 1982, giorno della sua scomparsa in prova a Zolder, Gilles Villeneuve è stato senza dubbio il pilota più tifato e amato dai sostenitori della "rossa". Gilles si presta di buon grado a firmare col suo nome uno dei volanti Momo più apprezzati dal grande pubblico.

From late 1977 to the tragic 8th of May 1982, the day he was killed in practice at Zolder, Gilles Villeneuve was without doubt the best-loved driver among the Ferrari fans. Gilles was happy to lend his name to one of the most popular Momo steering wheels among the general public.

TEXACO

A

I have great memory's of Moretti racing in Interlagos with his beautiful Ferrari 512 on the 70's
I was driving a small Lola 2 liters.
What a dice!!!!
Moretti was a gentleman and good friend

S. Paulo 18 Setembro 2013

1

[signature]

Quei volanti in serie marchiati Momo

La storia di Momo inizia grazie a un volante, un volante molto speciale. Quel volante che Gianpiero Moretti concepì e si fece realizzare da esperti artigiani e che, poco dopo, John Surtees volle poi per la sua monoposto Ferrari di F1 già nel 1964. E la storia di questo volante prosegue ancora oggi, dopo cinquant'anni, con i "discendenti" moderni di quell'oggetto meraviglioso che appartiene al secolo scorso.

È curioso pensare al volante come a uno di quei pochi oggetti – non solo legati al mondo dell'automobile – ad essere stati concepiti, già in origine, con una forma "definitiva": una (in qualche raro caso), o più frequentemente due o più razze e una corona ad esse collegata, il tutto studiato per ruotare attorno a un fulcro centrale, rappresentato dal piantone dello sterzo.

Oggi, la tecnologia è entrata con prepotenza negli abitacoli delle automobili, con plance ora più simili a cockpit aeronautici che a semplici cruscotti. Ma il volante è sempre lì, apparentemente uguale a se stesso.

Semplice, no? Beh, non proprio...

In realtà, il volante, in particolare quello sportivo, ha subìto un'evoluzione notevole nel corso dei decenni, sia dal punto di vista dei materiali, sia dell'ergonomia.

I primi volanti sportivi degli anni Sessanta avevano infatti un'impugnatura più sottile e lunghe razze che si innestavano su una corona dall'ampio diametro: quest'ultimo serviva anche per ridurre quanto più possibile lo sforzo necessario per sterzare, specialmente da fermi, considerando anche il fatto che il servosterzo non era certo un accessorio così diffuso com'è oggi.

Inoltre, il materiale più utilizzato per la corona di un volante sportivo di alto livello era il legno: pregiate essenze

Those Momo-branded production steering wheels

The Momo story began with what was a very special a steering wheel. The steering wheel that Gianpiero Moretti conceived and had made by expert craftsmen and that John Surtees soon wanted fitted to his 1964 Ferrari F1 car. And the story of that steering wheel continues today, fifty years on, with the modern "descendants" of that wonderful object from the last century.

It is curious to think of the steering wheel as one of those few objects – not only in the automotive world – to be conceived from the outset in their "definitive" form: one (in a few rare cases), or more frequently two or more spokes and connected to a rim, designed to rotate around a central hub represented by the steering column. Today, technology has invaded automotive cockpits with instrument panels closer to those of aircraft than simple dashboards. But the steering wheel is still there, apparently unchanging.

Simple, right? Well, not exactly...

In reality, the steering wheel, in particular those used in competition, has evolved significantly over the decades, both from the point of view of materials and that of ergonomics.

The first sports steering wheels from the 1960s had a slimmer grip and long spokes that joined a wider diameter rim: this last served in part to reduce the effort required to steer, especially when stationary, given that power steering was by no means as widespread an accessory as it is today.

Moreover, the material most commonly used for the rims of high quality sports steering wheels was wood: the finest timbers were skilfully crafted and lent an

In alto, la serie colorata del volante Momo Corse e del pomello Anatomico.
In basso, il volante Fighter in pelle e legno, una fase della produzione delle corone in legno e alcune varianti di razze in alluminio anticorodal anodizzato.

Top, the coloured range of Momo Corse steering wheels and the Anatomico gear knob.
Bottom, the Fighter in wood and leather, a phase in the production of the wooden rims and various spokes in anodized anticorodal aluminium.

venivano lavorate dalle mani di abili artigiani, regalando un'aura di nobiltà a questo oggetto che rappresentava, e ancora rappresenta, il primo e più importante punto di contatto tra l'uomo e la macchina.

Nel corso degli anni, l'evoluzione "di forma" è stata piuttosto evidente: corone dall'impugnatura più spessa, prima, e addirittura variabile in funzione della posizione delle mani, poi. Oggi, l'aspetto del volante non è più essenzialmente simmetrico come in passato: la forma segue (anche) la funzione, con spessori differenziati in base all'impugnatura prevista e con porzioni inferiori della corona appiattite per facilitare l'accesso in abitacolo, specialmente su vetture sportive che, di spazio, ne offrono davvero poco. Tutto ciò, però, non esaurisce il discorso.

Infatti, gli stessi materiali di cui il volante è costituito sono cambiati. Ferma restando l'anima in alluminio, lega nella quale, almeno nella produzione Momo, sono sempre state create le razze, sulla corona il legno ha progressivamente lasciato spazio alla pelle, liscia o scamosciata (con quest'ultima che offre più "grip") e a molti altri materiali di rivestimento di più recente introduzione, come l'Alcantara. Inoltre, sempre più spesso materiali ad alto contenuto tecnologico, quali ad esempio il carbonio e alcune tipologie di leghe plastiche, hanno fatto la loro comparsa come elementi prevalentemente adibiti a connotare il design del prodotto.

E proprio il design è l'ultimo elemento, ma forse il più importante, ad aver accompagnato questa continua evoluzione. Il design è senza dubbio uno dei principali fattori che determinano l'acquisto praticamente di qualsiasi oggetto che abbia una certa rilevanza economica, dimensionale o socioculturale.

aura of nobility to an object that represented, and still represents, the first and most important point of contact between man and machine.

Over the course of the years, the evolution "of form" was fairly evident: rims with thicker grips, firstly, and then actually variable in relation to the position of the hands. Today, the appearance of the steering wheel is no longer essentially symmetrical as in the past: form (also) follows function, with differentiated thicknesses on the basis of the grip and lower portions of the rim flattened to facilitate access to the cockpit, especially on sporting cars that offer truly minimal space.

This, however, does not exhaust the subject.

The very materials from which the steering wheel is constructed have in fact changed. While aluminium for the basic structure remains, an alloy which at least at Momo has always been used for the spokes, the wood on the rim has gradually been replaced by smooth or suede leather (this last offering more grip) and many other more recent materials such as Alcantara. Furthermore, ever more frequently materials have been of a high-tech nature such as carbonfibre and certain types of plastic alloy have been employed as elements prevalently used to characterise the design of the product.

Design was the last, albeit perhaps the most important, element to have accompanied this continuous evolution. Design is without doubt one of the principal factors determining the purchase of practically every object of a certain economic importance, size and socio-cultural significance.

The sports steering wheel is no exception. Anything but: in the automotive world it represents the object that,

Quei volanti in serie marchiati Momo

Those Momo-branded production steering wheels

Il volante sportivo non fa eccezione. Anzi: in ambito automobilistico rappresenta l'oggetto che, più di ogni altro, è deputato a soddisfare i desideri, gli istinti, di chi lo impugna.
Il volante è ciò che davvero trasmette il carattere della macchina, su di esso si avvertono la potenza del motore, e il comportamento delle ruote sulla strada.
Inoltre, è sempre davanti agli occhi del pilota e sempre a contatto con la pelle delle sue mani: per questo motivo, la scelta dei materiali e la loro lavorazione è fondamentale, perché essi devono tradursi nel massimo livello possibile di qualità percepita, proprio allo scopo di soddisfare le più alte aspettative di chi lo utilizza.
Il design, poi, ha anche altre funzioni, ad esempio quella legata alla sicurezza. Nonostante l'assenza dell'airbag, il volante sportivo Momo è sempre stato studiato per il miglior assorbimento possibile degli impatti, complice anche il mozzo collassabile che Momo ha inventato e lanciato sul mercato nei primi anni Ottanta.
Insomma, il volante, di per sé, non è una componente di un'auto come tutte le altre.
E Momo, più di ogni altra azienda al mondo, lo ha eletto a vero e proprio simbolo: esso rappresenta chi lo possiede, proprio come un'appendice della propria personalità, esprime un carattere, connota la vettura secondo i gusti di chi la guida.

more than any other, is destined to satisfy the desires and the instincts of those who grip it.
The steering wheel is what truly transmits the character of the car; through it we can feel the power of the engine and the behaviour of the wheels on the road.
Moreover, it is always there before the driver's eyes and always in contact with the skin of his hands: for this reason, the choice of materials and the way they are used is fundamental, because they have to translate into the highest possible perceived quality so as to satisfy the highest expectations of those who use it.
The design also has other functions, for example those associated with safety. In spite of the absence of the airbag, the Momo sports steering wheel has always been designed to provide the best possible impact absorption, thanks also to the collapsible hub Momo invented and launched in the early Eighties.
In short, the steering wheel is an automotive component unlike any other.
And Momo, more than any other company in the world, has elected it as its symbol: it represents those who own it, as an extension of their character, it expresses that character and connotes the car according the tastes of its driver.

Nell'immagine in alto, in senso orario: i volanti Astra, Andretti con lente Momo, Indy. A destra, alcune pagnotte appartenenti a diversi modelli. In basso a destra, in senso orario, i volanti Linea, Cobra, Mistere 3, Master. In basso a sinistra, alcune varianti di colore del volante Mistere 3.

Top, clockwise: the Astra, Andretti with Momo boss and Indy steering wheels. Right: a number of blanks belong to diverse models. Bottom right, clockwise, the Linea, Cobra, Mistere 3 and Master steering wheels. Bottom left, a number of colour variations on the Mistere 3.

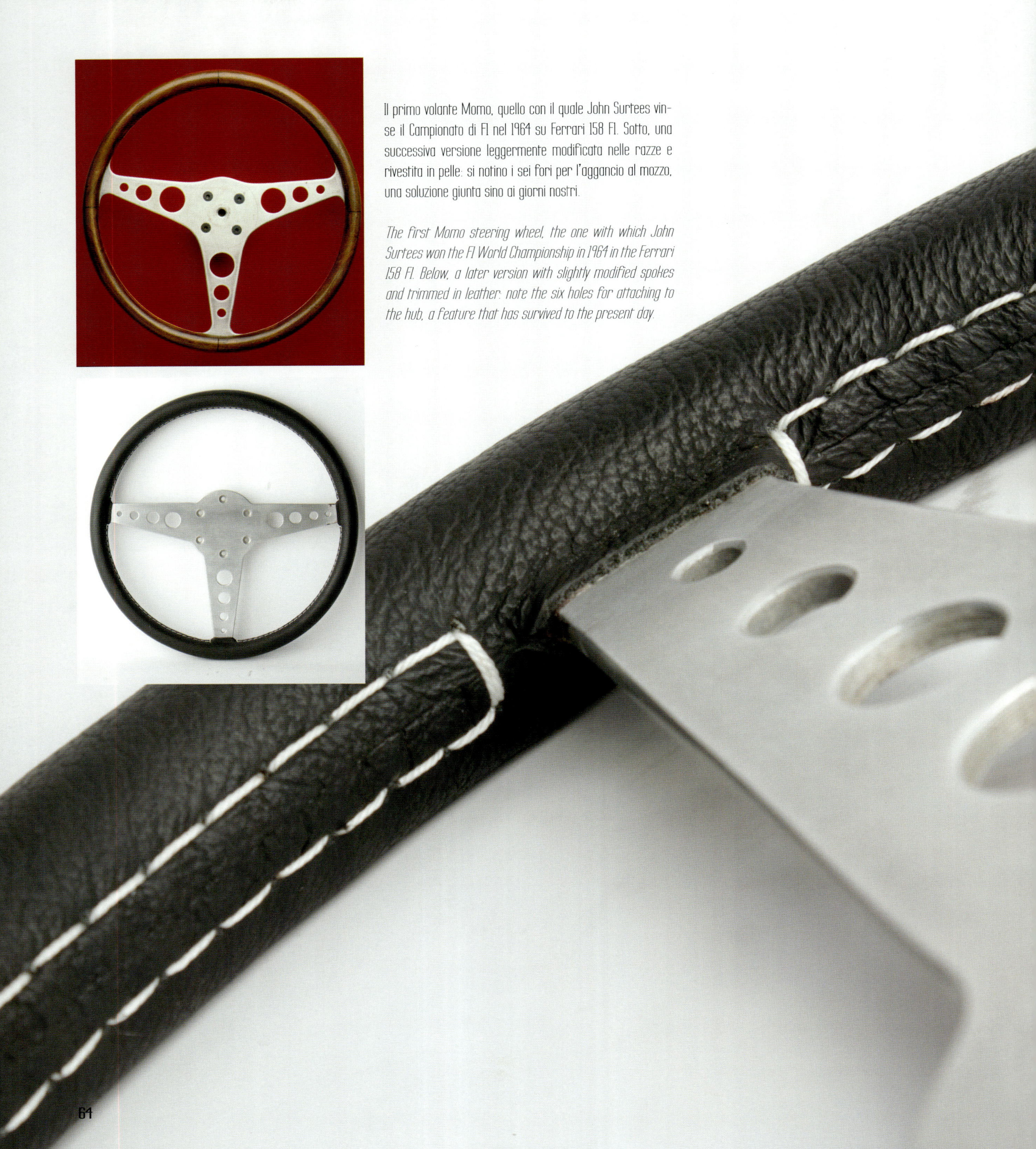

Il primo volante Momo, quello con il quale John Surtees vinse il Campionato di F1 nel 1964 su Ferrari 158 F1. Sotto, una successiva versione leggermente modificata nelle razze e rivestita in pelle: si notino i sei fori per l'aggancio al mozzo, una soluzione giunta sino ai giorni nostri.

The first Momo steering wheel, the one with which John Surtees won the F1 World Championship in 1964 in the Ferrari 158 F1. Below, a later version with slightly modified spokes and trimmed in leather: note the six holes for attaching to the hub, a feature that has survived to the present day.

momo
Super INDY
momo

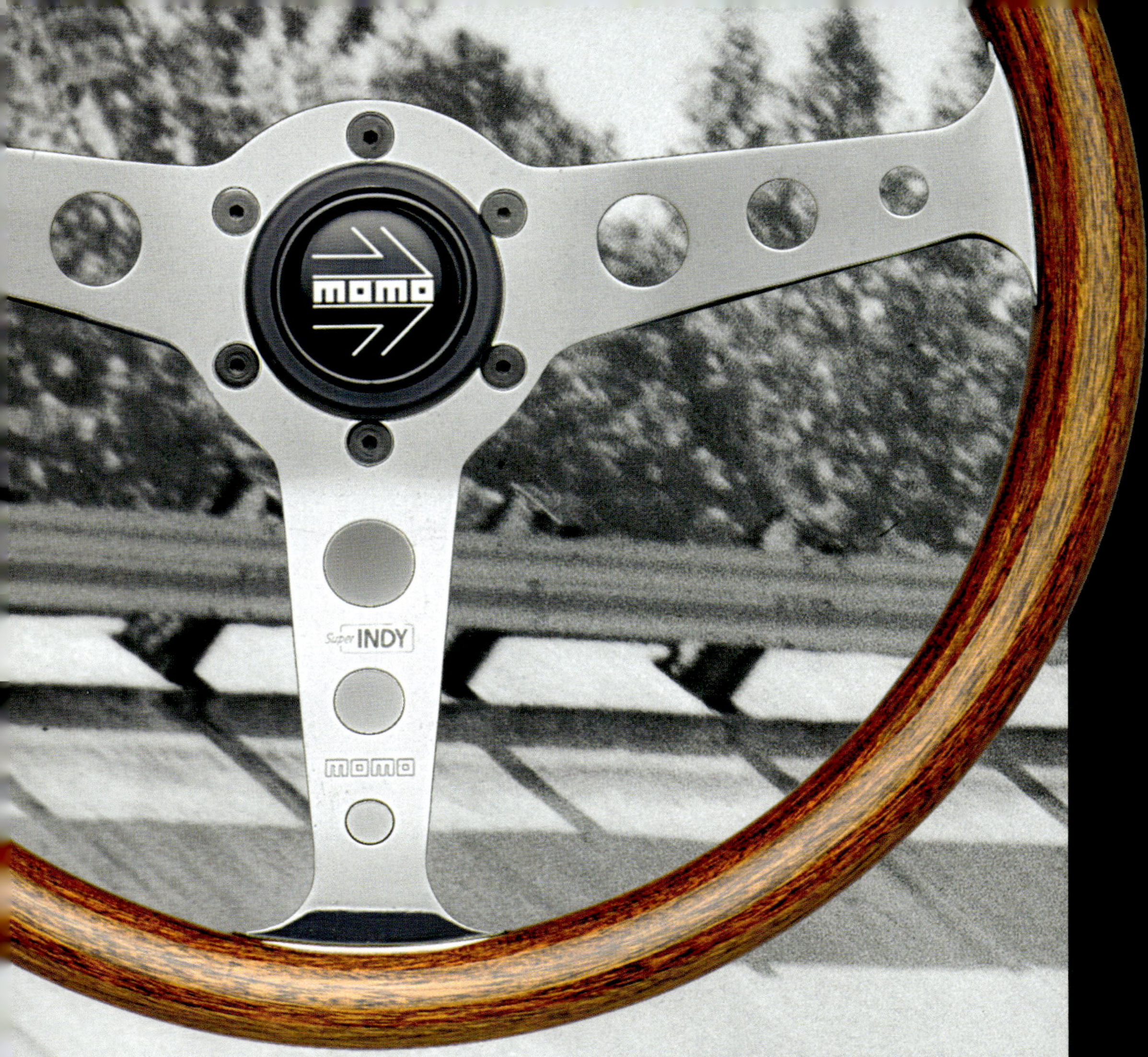

Il volante Indy in legno (nell'immagine parziale grande) e il Monza in legno intarsiato in quella in basso a destra.

The Indy steering wheel in wood (in the large detail photo) and the Monza in inlaid wood in the one bottom right.

12

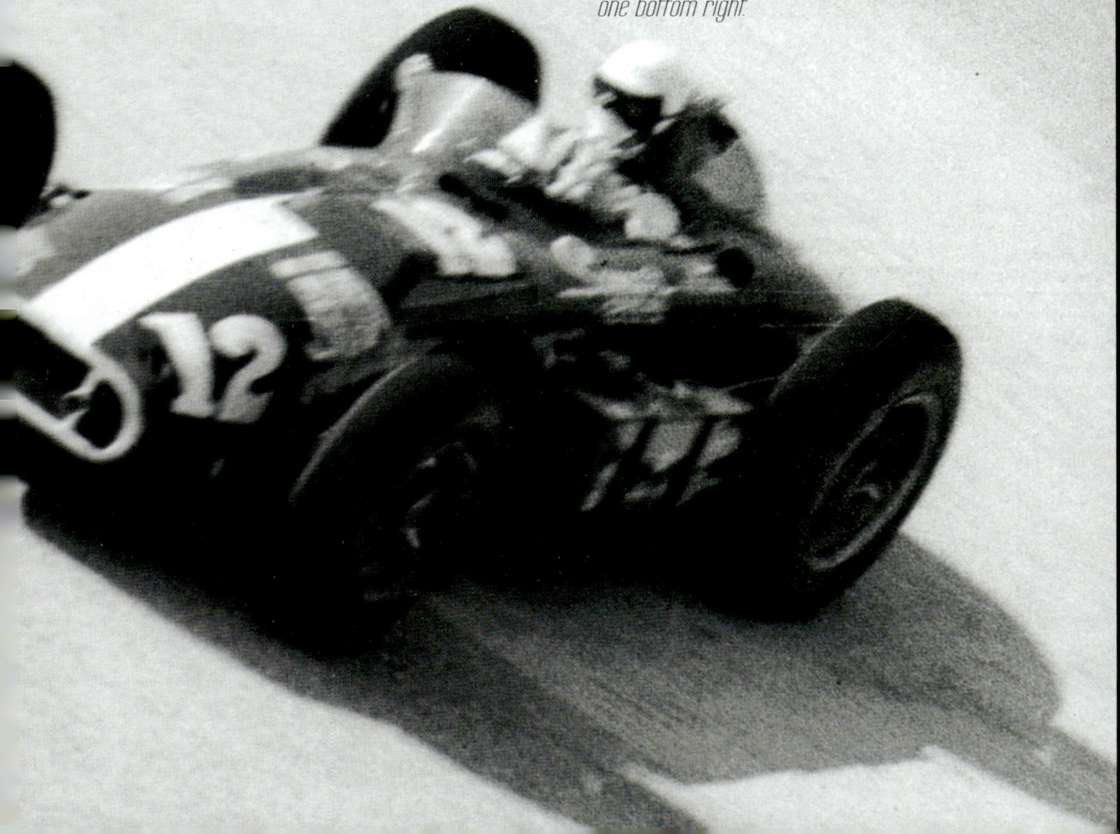

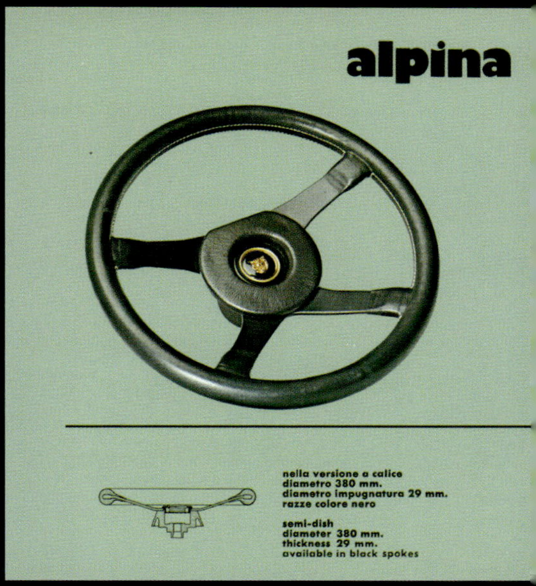

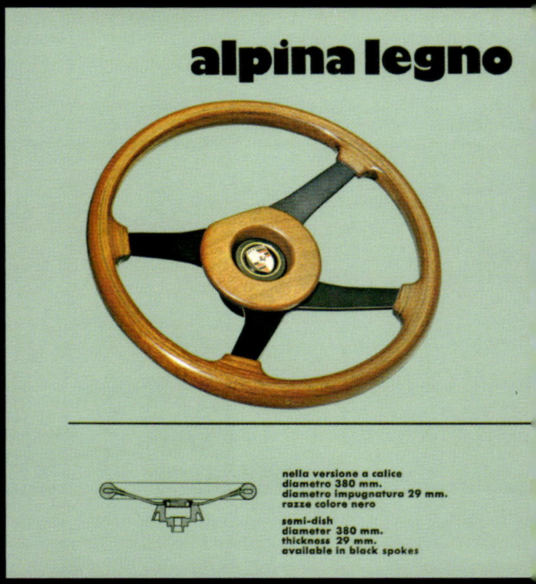

alpina
nella versione a calice
diametro 380 mm.
diametro impugnatura 29 mm.
razze colore nero
semi-dish
diameter 380 mm.
thickness 29 mm.
available in black spokes

alpina legno
nella versione a calice
diametro 380 mm.
diametro impugnatura 29 mm.
razze colore nero
semi-dish
diameter 380 mm.
thickness 29 mm.
available in black spokes

momo

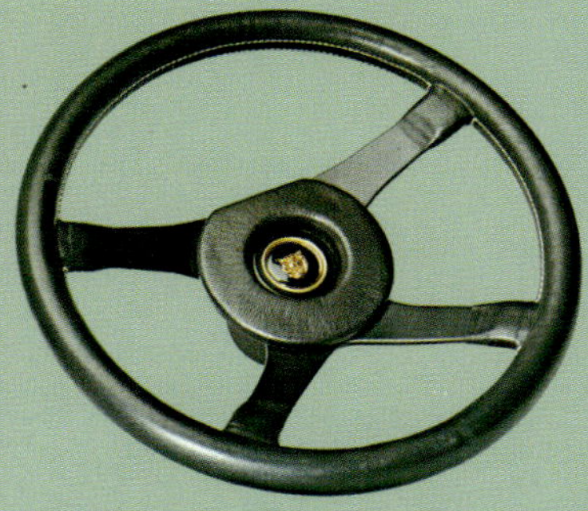

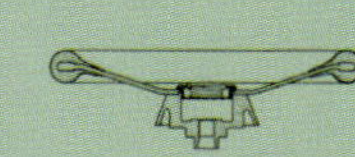

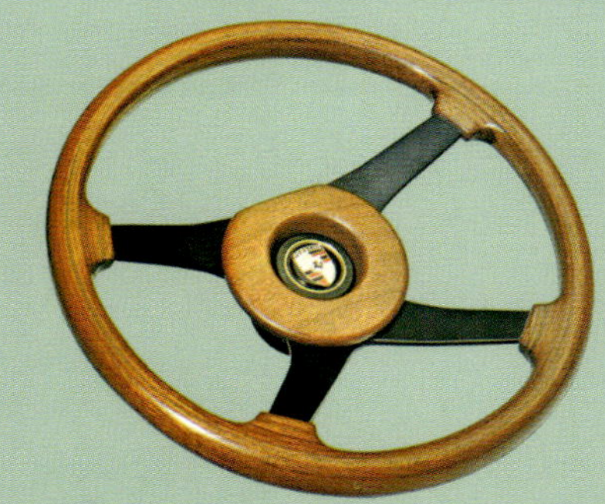

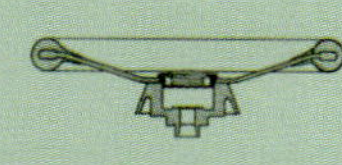

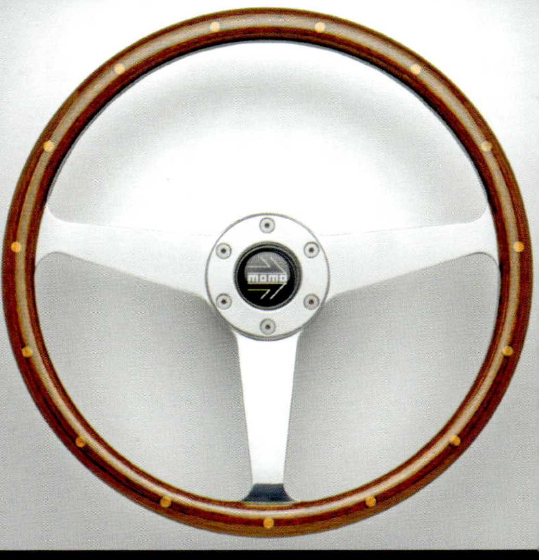

In alto, il volante Olympic III in pelle e radica e, in basso, il volante Astra. A destra, una pubblicità fine anni Ottanta. Nella pagina a fianco, il volante Porsche Design, nato dalla collaborazione tra Momo e Ferdinand Alexander Porsche.

Top, the Olympic III in leather and walnut and, bottom, the Astra. Right, advertising from the late 1980s. On the facing page, the Porsche Design steering wheel, born out of the collaboration between Momo and Ferdinand Alexander Porsche.

S-CU902
PORSCHE DE

Come nasce un volante: ieri e oggi

The birth of a steering wheel: yesterday and today

Il volante sportivo è sempre stato il prodotto Momo con la più elevata componente di artigianalità. Forse, è anche per questo motivo che è sempre stato considerato oggetto da collezione da parte di appassionati di tutto il mondo. Il profumo e la caratteristica "mano" della pelle pieno fiore, le cuciture realizzate interamente a mano, l'abbinamento di materiali così diversi tra loro, eppure così armoniosi, offrono sensazioni uniche a chi lo impugna.

Ma il volante Momo, in passato, significava soprattutto legno.

Ed ecco, allora, che l'esperienza di abili artigiani ebanisti riusciva a creare corone che non avevano nulla da invidiare ai più pregiati manufatti in legno, anche con incredibili lavorazioni a intarsio.

Mogano, Zebrano, Radica, dopo una lunga stagionatura, venivano sezionati in listelli compressi con particolari procedimenti e poi inseriti nella struttura in alluminio del volante.

The sports steering wheel has always been the Momo product with the greatest craft input. It is perhaps for this reason that enthusiasts throughout the world have always considered it a collector's item. The aroma and the characteristic "feel" of the full grain leather, the hand stitching and the combination of such very different yet so harmonious materials offer unique sensations to those who grip these products.

However, in the past, the Momo wheel meant above all wood.

It was here that the experience of skilled craftsmen succeeded in creating rims that were the equal of any wood product thanks to incredible inlay work.

After a lengthy period of seasoning, mahogany, zingania and walnut were cut into compressed strips through special processes and then inserted into the wheel's aluminium frame.

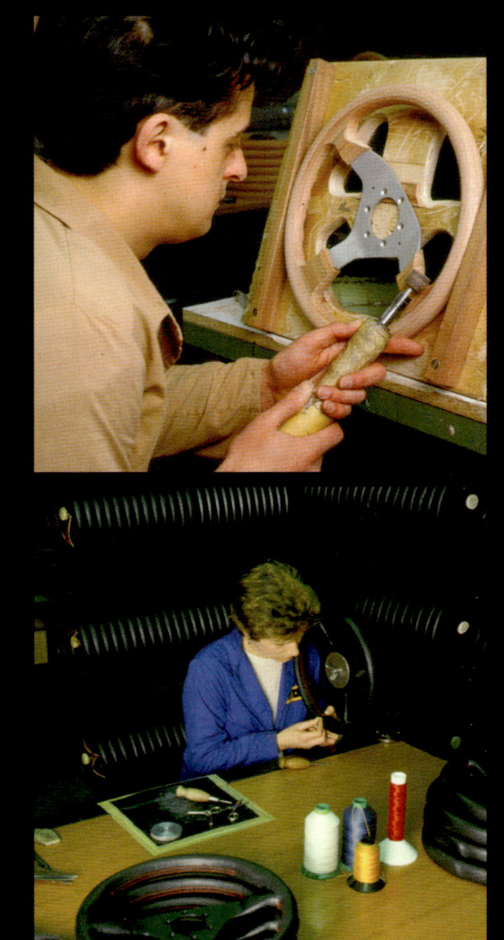

Il legno, in alcuni casi, veniva utilizzato anche al centro delle razze o, addirittura, unito ad inserto con la pelle: il risultato era un design unico e raffinato.
Ma ancora oggi, ciascun volante Momo è sostanzialmente un pezzo unico e il motivo è da ricercare nel fatto che il procedimento produttivo è quasi interamente artigianale.
È infatti affascinante pensare che, nonostante le fasi intermedie della progettazione oggi si avvalgano di avanzati sistemi hardware e software, anche ai giorni nostri tutto ha origine da uno schizzo fatto a mano su un semplice foglio bianco. E anche le diverse fasi della produzione sono rimaste, in pratica, le stesse di cinquant'anni fa: ogni step produttivo, dal taglio dei pregiati pellami "pieno fiore", alla sellatura, fino alla cucitura, è affidato a un artigiano specializzato che conosce la sua "creatura" come nessun altro e che sa esattamente come trasformarla in un oggetto davvero speciale.
Naturalmente vi sono alcuni momenti del processo produttivo che richiedono l'utilizzo di macchinari (si pensi, ad esempio, alla tranciatura delle razze in alluminio piuttosto che alla schiumatura del volante, prima che questo venga rivestito in pelle). Ma anche queste fasi sono sempre gestite e supervisionate da personale specializzato, che si occupa di controllare ogni aspetto della realizzazione del prodotto.

The was would in some cases also be used at the centre of the spokes or even combined with leather inserts: the result was a unique and sophisticated design style.
Still today, each Momo steering wheel is substantially a one-off piece given that the company's production process is almost entirely craft-based. It is in fact fascinating to think that, in spite of the intermediate design phases that today draw on advanced hardware and software, even today everything starts out with a hand-drawn sketch on a blank piece of paper. And that the various production phases substantially remain the same as fifty years ago: each step in the process, from the cutting of the fine full grain leather, to the preforming and through to the stitching, is entrusted to a specialist craftsman who knows his "creature" like no other and understands exactly how to transform it into a truly special product.
Naturally, there are certain phases in the production process that require the use of machinery (for example, the cutting of the aluminium spokes or the foam padding of the wheel before it is trimmed in leather). However, these phases are also actuated and supervised by specialist staff that oversee every aspect of the creation of the product.

Alcune fasi della produzione dei volanti in pelle e di quelli in legno.

A number of phases in the production of leather and wood steering wheels.

A sinistra, il volante Benetton F1, con una complessa lavorazione dei pellami, i colori dei quali richiamavano la livrea della monoposto di F1 di quegli anni.
In basso, il volante Daytona III e, nella pagina a fianco in alto, il volante Pininfarina, disegnato dal celebre designer Sergio Pininfarina.

Left, the Benetton F1 steering wheel, with finely worked leather, the colours of which recall the livery of the F1 car of those years.
Bottom, the Daytona III and, on the facing page, the Pininfarina version designed by the celebrated Sergio Pininfarina.

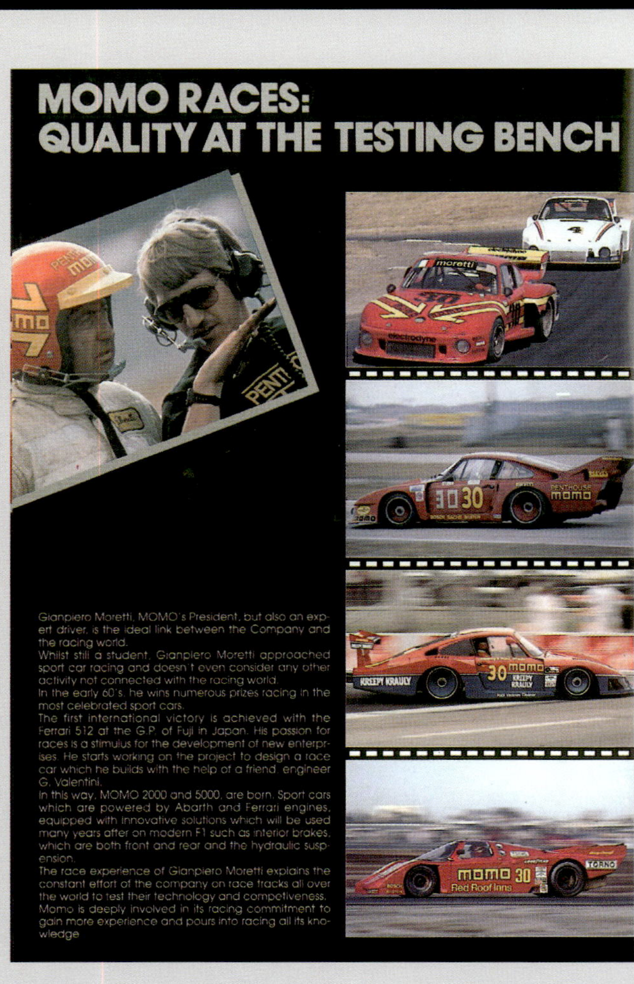

MOMO RACES:
QUALITY AT THE TESTING BENCH

Gianpiero Moretti, MOMO's President, but also an expert driver, is the ideal link between the Company and the racing world.
Whilst still a student, Gianpiero Moretti approached sport car racing and doesn't even consider any other activity not connected with the racing world.
In the early 60's, he wins numerous prizes racing in the most celebrated sport cars.
The first international victory is achieved with the Ferrari 512 at the G.P. of Fuji in Japan. His passion for races is a stimulus for the development of new enterprises. He starts working on the project to design a race car which he builds with the help of a friend, engineer G. Valentini.
In this way, MOMO 2000 and 5000, are born. Sport cars which are powered by Abarth and Ferrari engines, equipped with innovative solutions which will be used many years after on modern F1 such as interior brakes, which are both front and rear and the hydraulic suspension.
The race experience of Gianpiero Moretti explains the constant effort of the company on race tracks all over the world to test their technology and competiveness.
Momo is deeply involved in its racing commitment to gain more experience and pours into racing all its knowledge

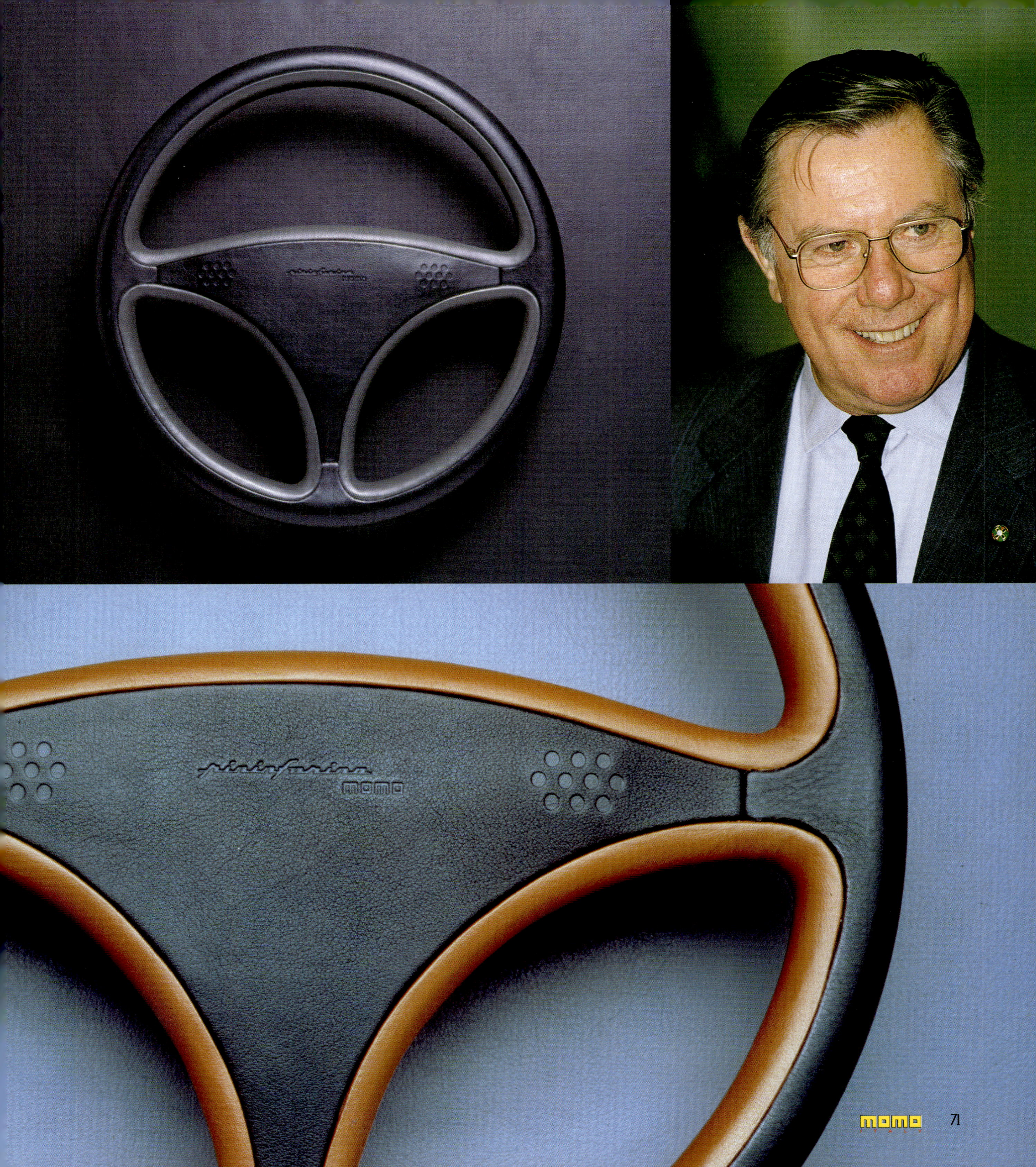
pininfarina
momo

Il mozzo collassabile

Il volante sportivo Momo ha un imprescindibile compagno che svolge un ruolo di fondamentale importanza: il mozzo, ovvero il componente che collega il volante al piantone dello sterzo.
Il mozzo Momo ad assorbimento di energia, o collassabile, è frutto di un brevetto internazionale depositato dall'Azienda e ha un unico scopo: quello di ridurre il più possibile, in caso di incidente, i danni provocati da un eventuale impatto tra il corpo del pilota e il volante.
La caratteristica struttura a "ragno" del mozzo collassabile, realizzata in un unico pezzo di acciaio senza saldature e innestata in una flangia fusa in lega di alluminio, gli conferisce la particolare capacità di assorbire gran parte dell'energia cinetica che si genera durante un eventuale impatto.
Momo, oggi, offre la più vasta applicazione sul mercato, tale da consentire il montaggio dei volanti sportivi Momo sulle vetture più diffuse al mondo.

The collapsible hub

The Momo sports steering wheel has an inseparable companion that plays a role of fundamental importance: the hub, the component that connects the steering wheel to the steering column.
The Momo energy-absorbing, or collapsible hub, was the fruit of an international patent filed by the company and a single aim: that of reducing as much as possible, in the case of an accident, the injuries provoked by any impact between the driver's body and the steering wheel. The hub's structural "spider" made in a single piece of steel without welds and grafted onto a cast flange in aluminium alloy enables it to absorb much of the kinetic energy generated during an impact.
Momo today offers the broadest range on the market, allowing Momo sports steering wheels to be fitted to the most popular cars in the world.

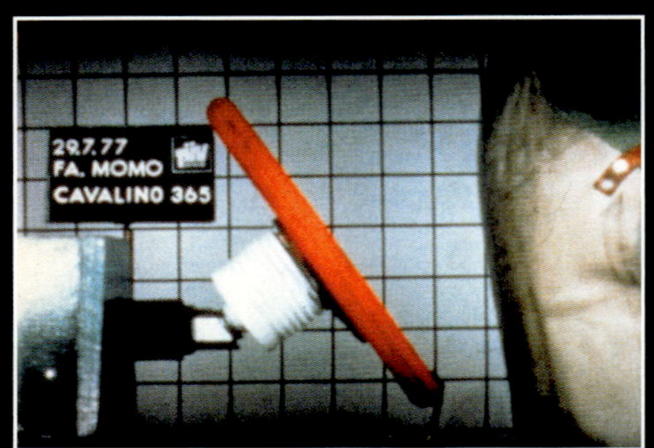

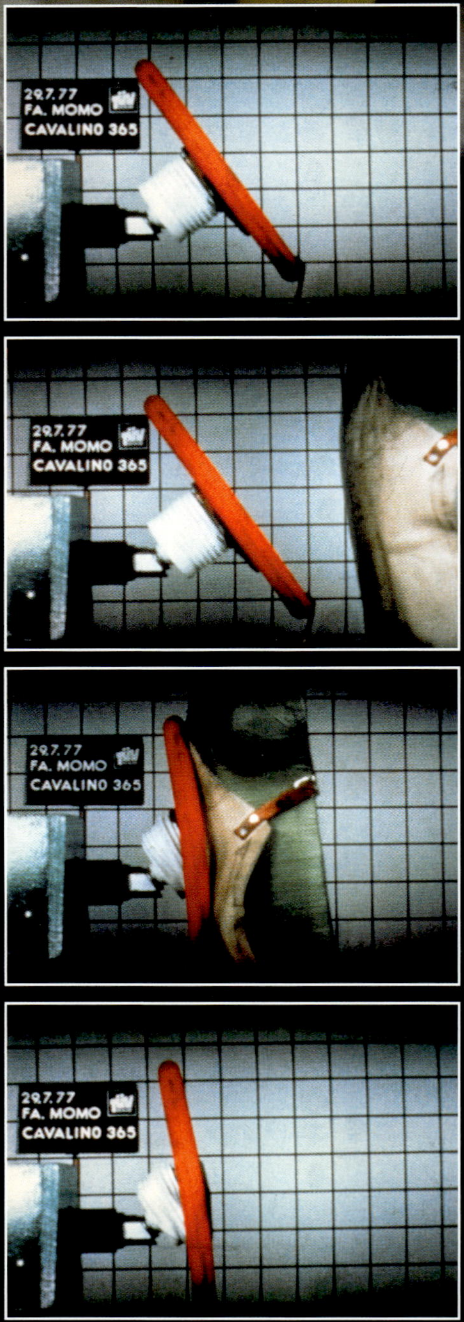

ISTRUZIONI PER IL MONTAGGIO DEL VOLANTE
INSTALLATION INSTRUCTIONS

I volanti MOMO si possono montare facilmente su tutti i tipi di auto, come illustrato qui di seguito. La lunga durata del volante, inoltre, permette il suo trasferimento su una nuova vettura con la semplice sostituzione del mozzo, elemento di congiunzione tra il piantone dell'autovettura ed il volante.

MOMO steering-wheels can be easily mounted on all cars, as shown in this sequence. The long life of the wheel will also allow you to transfer it onto your new car by simply replacing the hub, which connects the wheel with the steering column.

Il kit è composto dal volante, dal mozzo, da 6 viti di fissaggio e da un pulsante. La pagnotta è optional.

The kit is made by the steering-wheel, the hub adapter, the six Allen screws and the horn button. The pad is optional.

1 e 2 - Dopo aver rimosso il volante di serie mediante lo svitamento del bullone di sicurezza dal piantone, montare il mozzo MOMO sulla colonna dello sterzo accertandosi che il marchio "TOP" sia rivolto verso l'alto.

1/2 - *After removing the O.E. wheel by unscrewing the safety nut, install the MOMO hub adapter on the shaft making sure that the mark "TOP" is in the upwards position.*

3 e 4 - Riavvitare il bullone di sicurezza sul piantone con la stessa chiave a tubo, per fissare il mozzo.

3/4 - *Re-install and tighten the locking nut on the splined shaft to secure the hub to the steering column, making sure that new wheel is straight when tires are aimed straight.*

5. - Installare il coprimozzo di gomma sul mozzo.

5. - *Slip the rubber collar over the hub adapter so that it covers the collapsible portion.*

6. - Allacciare il filo del mozzo al terminale fissato dietro il pulsante.

6. - *Attach the horn button wire connector to backside of the horn button.*

7. - Far combaciare i fori del volante con i fori sulla parte superiore del mozzo, stringere le 6 viti di fissaggio al volante ed inserire il pulsante mediante pressione.

7. - *Line up the six holes of the wheel with the holes in the top of the hub adapter, and tighten the wheel in place torqueing in a criss-cross pattern, using the six Allen head screws. Fit the horn button by pressing into place.*

8. - In caso di pagnotta optional, la si applica esercitando una semplice pressione lungo il bordo della pagnotta stessa.

8. - *The center safety pad can now be easily installed by pressing the edges of the pad over the center section of the wheel.*

COLLEGAMENTO ELETTRICO DEL VOLANTE
WIRES CONNECTION TO THE HUB ADAPTER

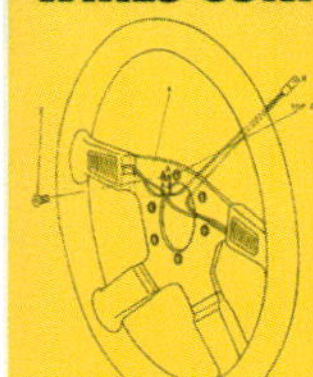

A) CAPOCORDA A FORCELLA
GROUND TERMINAL
B) CAPOCORDA MASCHIO
POSITIVE TERMINAL

1 Mozzo con contatto a doppia pista, inserire i cavi "A" e "B" nei "Faston" del contatto
2 Mozzo con contatto ad una pista, inserire il filo "A" come da schema e il filo "B" nel "Faston" del contatto
3 Mozzo senza contatto, lasciare liberi i cavi "A" e "B"

1. Hub with double contact: insert A and B wires in either terminal.
2. Hub with single contact ground wire "A" between wheel frame and hub: use any screw to hold in place. Connect wire "B" to terminal coming from hub.
3. Hub without contacts: No connection is required.

IL MOZZO COLLASSABILE MOMO
MOMO COLLAPSIBLE HUB

Il "mozzo" è l'elemento indispensabile per l'accoppiamento tra ogni volante Momo e il piantone di tutte le vetture. È stato progettato per soddisfare anche la funzione di assorbitore dell'energia d'urto. Il nuovo mozzo collassabile Momo nasce da questi presupposti. Dopo aver subito tutte le prove della severa omologazione tedesca TÜV, ha avuto i più ampi riconoscimenti da parte delle più importanti case costruttrici automobilistiche.

L'elemento assorbitore è costituito da una struttura metallica monolitica senza saldature ed è "annegato" alla base in una flangia di alluminio ottenuta in fusione. La semplicità costruttiva ed i materiali impiegati determinano queste prerogative fondamentali: una costante delle caratteristiche meccaniche e un peso ridotto. Il mozzo collassabile Momo è coperto da brevetti internazionali.

The Momo collapsible hub is the indispensable adapter for the perfect matching of the Momo wheel to the steering column of all cars. This new collapsible hub was born to meet the need for a hub that absorbed impact energy, and following all the stringent tests of the German TÜV it has received the widest recognition from the world's most important car makers.

The metal one-piece energy absorption element is sunk into the hub base to which it is cast during flange moulding. The simplicity of the manufacturing process and the type of materials used determine the hub's consistent mechanical performance and the reduction in its weight.
The MOMO collapsible hub is covered by international patents.

Nella pagina a fianco, una sequenza di immagini della prova d'urto contro il sistema volante-mozzo-vettura, per testare il corretto assorbimento dell'energia generata dall'impatto. Nei box a sinistra, in alto, alcune immagini tratte dalle istruzioni di montaggio del volante (primi anni Ottanta) e, in basso, alcune fasi della produzione dei mozzi collassabili.

On the facing page, a sequence of images of the crash test for the steering wheel — hub — car system that allowed the correct absorption of energy generated by an impact to be tested. In the boxes on the left, a number of images from the steering wheel installation manual (early 1980s) and, below, phases in the production of the collapsible hub.

Su tutta la produzione Ferrari e sulle mie vetture personali uso con soddisfazione i volanti MOMO.
To my great satisfaction, I use MOMO's steering-wheels on the whole Ferrari's production and on my personal cars.
Ferrari

Quei Momo con il Cavallino al centro

Momo è diventata ciò che è oggi in parte anche grazie alla collaborazione con Ferrari, uno dei marchi di vetture sportive più famosi al mondo. Del resto, lo stesso John Surtees guidò una monoposto del Cavallino, la 158 F1, quella che nel 1964 vinse il titolo iridato, con il primo volante Momo.
Tutto ebbe inizio da quella celebre vittoria e proprio da quel momento Gianpiero Moretti decise di fare della propria passione una realtà produttiva.
Negli anni che seguirono, Momo divenne progressivamente partner industriale delle più prestigiose Case automobilistiche mondiali, ma il rapporto con Ferrari rimase sempre un po' speciale, non solo nelle competizioni, ma anche per la produzione in serie. Per molti anni, infatti, Momo ha equipaggiato le "stradali" del Cavallino con i propri volanti sportivi.
La collaborazione tra le due Aziende è stata tale negli anni da portare alla realizzazione di un volante Momo denominato Cavallino e di ben due modelli di ruota, Ferrari Engineering e Ferrari Engineering II.

Momo and the Prancing Horse

Momo became what it is today in part thanks to its collaboration with Ferrari, one of the world's most famous sports car marques. The great John Surtees, drove a single-seater for the Prancing Horse, the 158 F1 with which he won the World Championship in 1964 with the original Momo wheel.
Everything took off with that celebrated victory and from that moment on Gianpiero Moretti decided to transform his passion into a true industrial concern.
In the years that followed, Momo progressively became an industrial partner of the world's most prestigious carmakers, but the relationship with Ferrari was always special and went beyond the world of competition to include serial production. Momo has, in fact, equipped the Prancing Horse's road cars with its sports steering wheels or many years.
Over the years the collaboration between the two companies has been such as to lead to the creation of a Momo steering wheel known as the Cavallino and two Ferrari Engineering alloy wheel models.

momo

LIGHTS

Nella pagina a fianco, alcuni dei volanti Momo che equipaggiavano di serie le vetture Ferrari granturismo. Nelle altre immagini di questa pagina, il volante Cavallino, derivato dall'esperienza in pista con le Ferrari F1.

On the facing page, a number of the steering wheels that Momo produced for the Ferrari production GT cars. In the other images on this page, the Cavallino, derived from the Ferrari F1 racing programme.

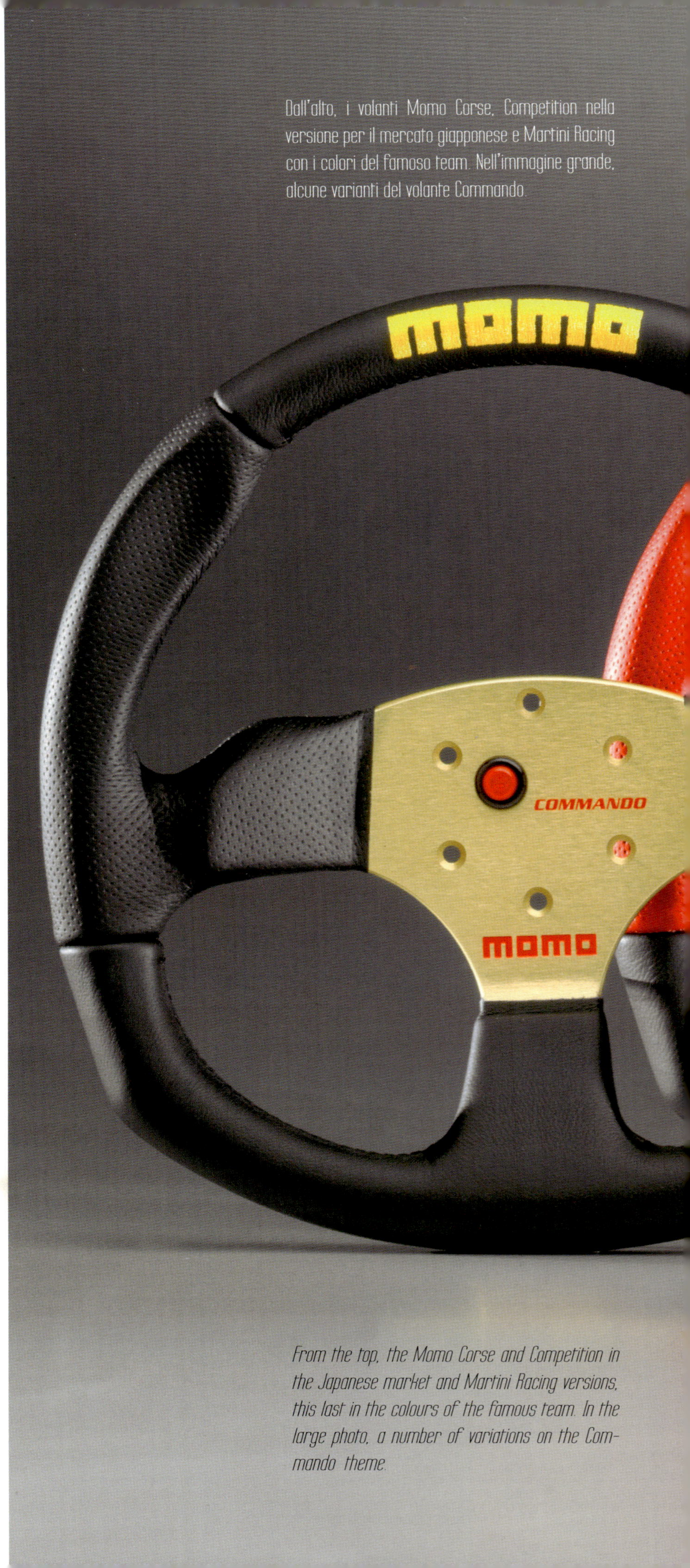

Dall'alto, i volanti Momo Corse, Competition nella versione per il mercato giapponese e Martini Racing con i colori del famoso team. Nell'immagine grande, alcune varianti del volante Commando.

From the top, the Momo Corse and Competition in the Japanese market and Martini Racing versions, this last in the colours of the famous team. In the large photo, a number of variations on the Commando theme.

momo
momo
COMMANDO
COMMANDO
momo
momo

In senso orario, i volanti Prototipo, Race, Jet e Commando;
nell'altra pagina, il Trek e il V6 Evo.

Clockwise, the Prototipo, Race, Jet and Commando;
on the next page, the Trek and the V6 Evo.

momo
momo
momo
COMPETITION
momo

In alto, i volanti Millenium Sport e Millenium Evo;
in basso, un primo piano del Drifting.

*Top, the Millennium Sport and Millennium Evo;
bottom, a close-up of the Drifting.*

Il volante Nero, uno dei modelli più innovativi degli ultimi anni, oggetto anche di una campagna pubblicitaria con gli altri prodotti tuning della stessa serie (in basso).

The Nero, one of the most innovative models of recent years and also featured in an advertising campaign with the other tuning products in the same series (bottom).

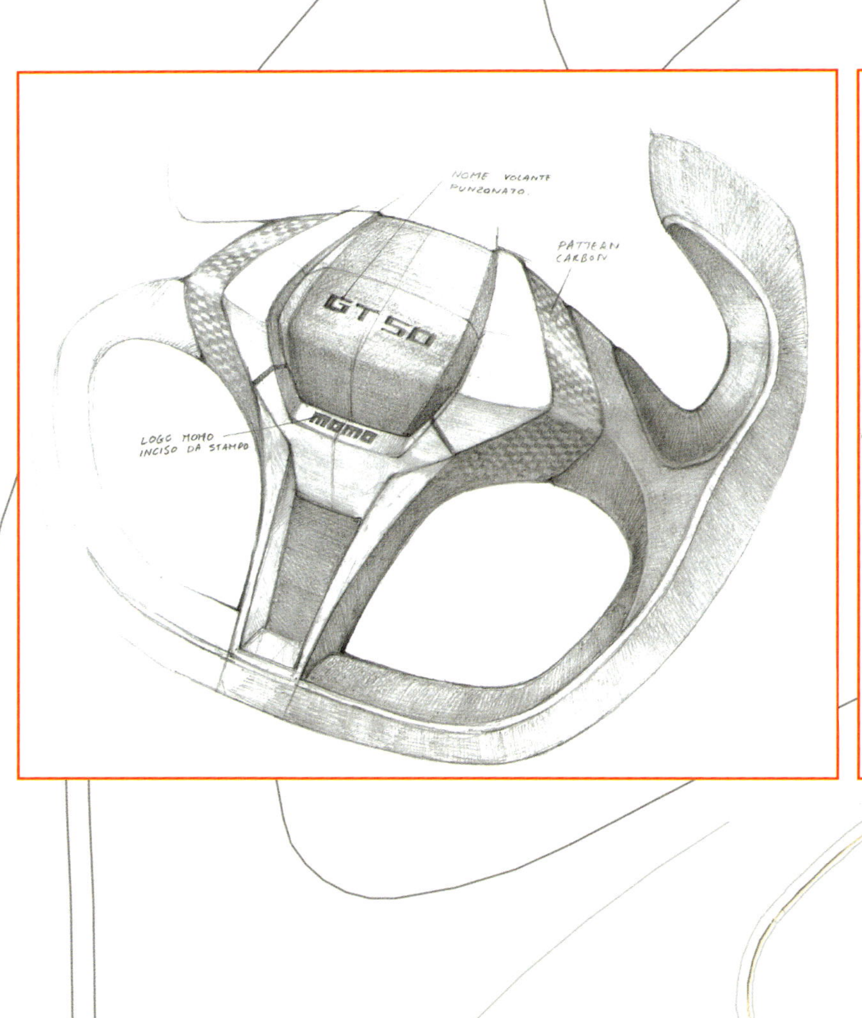
NOME VOLANTE PUNZONATO
PATTERN CARBON
GT50
momo
LOGO MOMO INCISO DA STAMPO

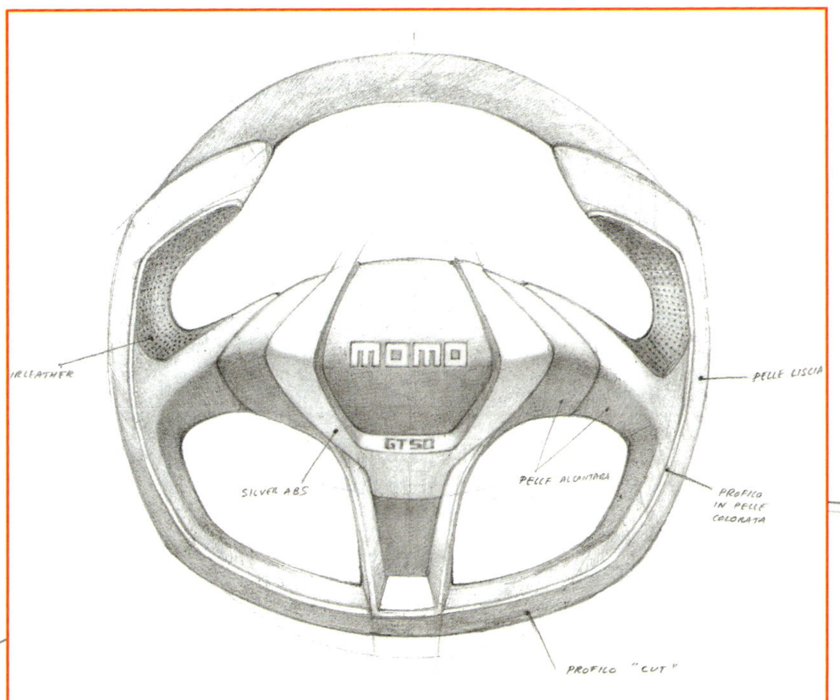
momo
GT50
PELLE LISCIA
SILVER ABS
PELLE ALCANTARA
PROFILO IN PELLE COLORATA
PROFILO "CUT"

momo
ITALY

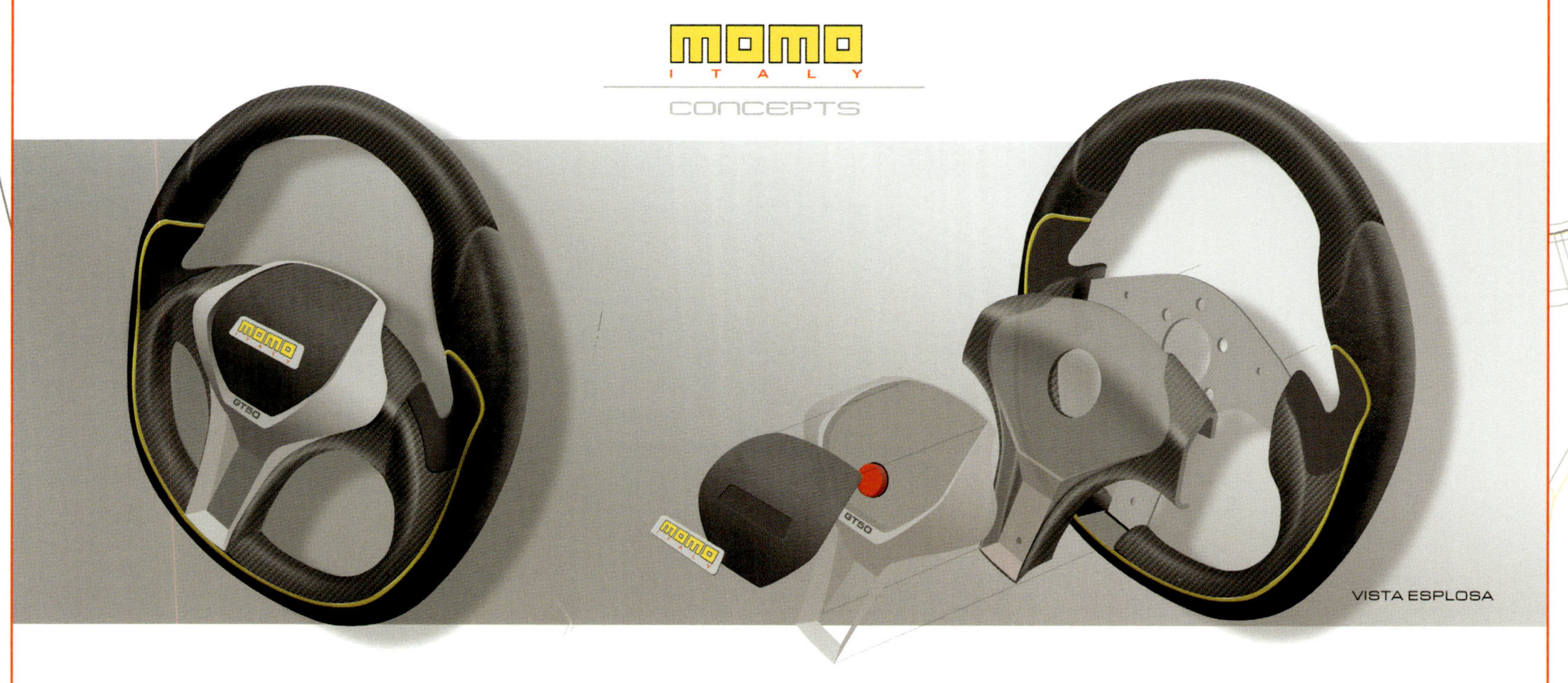
momo
ITALY
CONCEPTS
GT50
VISTA ESPLOSA

In queste pagine, alcune fasi dello sviluppo di un volante che precedono la realizzazione del prototipo, qui riferite al volante GT50. In alto a sinistra, i primi disegni su carta; in basso, la progettazione dei componenti che, una volta assemblati, danno origine al prodotto finale; a destra, il rendering del volante definitivo.

On these pages, a number of phases in the development of a steering wheel prior to the realisation of the prototype, in this case the GT50 model. Top left, the first drawings on paper; bottom, the design of the components that, once assembled, compose the finished product; right, the rendering of the definitive steering wheel.

Al volante delle "Rosse" in F1

At the wheel of the "Rosse" in F1

La storia di Gianpiero Moretti e della Momo si fa fatica a scriverla e basta, perché sembra un film. Verrebbe voglia di guardarla e ascoltarla, a epoche, scene e stacchi. Perché parte come uno di quei racconti alla Frank Capra, che iniziano dal niente e arrivano all'infinito.
Con un tocco di fascino in più, tutto suo.
In fondo Gianpiero i soldi per i soldi non li ha mai cercati, perché ne aveva abbastanza (sua madre apparteneva alla famiglia Maestretti, titolare dell'omonima e fiorente industria farmaceutica, passata alla storia per la produzione della Citrosodina).
Anzi, c'è sempre stato un che di magnificentemente rinascimentale nel muoversi di Moretti sul doppio affascinante binario dell'imprenditore e del pilota, quasi si sentisse al contempo artista e mecenate di se stesso.
E quando da pioniere degli sterzi e conduttore *gentleman* si trasforma in uomo d'affari, il piglio rimane quello dell'uomo d'inventiva che attraverso il personalissimo ingegno cerca le delizie della vita, quantitative e qualitative, come fine ultimo, piuttosto che mere gratifiche di bilancio fini a se stesse.
Non a caso i cortocircuiti emotivo-esistenziali che ne ispirano le mosse hanno la magia casuale degli innamoramenti, piuttosto che la precisione pianificata delle scelte quasi burocraticamente congetturate. La complessa vicenda dei suoi rapporti con la Ferrari ne è l'esempio più bello.
Quando entra in contatto con la leggenda di Maranello, Gianpiero Moretti sulla carta è uno studente fuoricorso della facoltà di scienze Politiche di Pavia e poco più.
Ma in quel poco più s'annida un mondo, un universo in espansione.
La passione per le auto da corsa gli è scoppiata dentro

The story of Gianpiero Moretti and Momo is not easy just to write because it is so visual, so film-like. You really feel like watching and listening to it, era by era, scene by scene and shot by shot. It starts out of nothing like one of those classic Frank Capra stories that go on to embrace the infinite.
With a touch of added appeal that is all his own.
Gianpiero was never one to pursue money for money's sake, in part because his family already had enough (his mother belonged to the Maestretti family, owners of the flourishing pharmaceutical firm of the same name, famous for producing Citrosodina).
There was always something magnificently renaissance-like about Moretti's dual role as driver and entrepreneur, almost as if he felt himself to be both artist and patron.
When he transformed from a steering wheel pioneer and gentleman driver in to a businessman, his drive remained that of the man of ideas who through personal gifts sought the quantitative and qualitative delights of life as the ultimate goal rather than mere rewards
It is no coincidence that the emotive-existential short-circuits that inspired his moves have the casual magic of love affairs rather than the planned precision of almost bureaucratically imposed business decisions.
The complex story of his relationships with Ferrari is the most fascinating example.
When he first came into contact with the Maranello legend Gianpiero Moretti was on paper a failing student of the faculty of political sciences at Pavia and little more.
However, within that little more resided a world, a universe in expansion.
He had discovered a passion for racing cars one day at the Monza circuit where he had arrived aboard a Vespa.
The spectacle he witnessed on the other side of the bar-

Il 1964 è l'anno magico del debutto vittorioso nel Mondiale F1 per la Momo, con il volante montato sulla Ferrari 158 di John Surtees. In basso a sinistra, l'abitacolo della Ferrari 1512 di Scarfiotti (Messico 1965) e, a destra, quello della 246 F1 di Bandini a Monaco 1966.

1964 was the magical year of Momo's victorious debut in the F1 World Championship with the steering wheel fitted to John Surtees' Ferrari 158. Bottom left, the cockpit of Scarfiotti's Ferrari 1512 (Mexico 1965) and, right, that of Bandini's 246 F1 at Monaco in 1966.

un giorno sull'autodromo di Monza, dove s'è recato in sella a una Vespa. Lo spettacolo che vede di là dalle reti l'avvince e capisce che diventerà la sua vita.
Inizia a correre a 21 anni, la maggior età, perché prima la famiglia non glielo permette, poi un bel giorno, di nuovo a Monza, assiste a un test di Umberto Masetti su una Maserati Sport e rimane colpito dal suo bellissimo volante in legno, a diametro piccolo, inusuale.
Gianpiero si muove subito per averne uno, Umberto glielo promette ma il volante non arriva e allora il ragazzo percorre la sola strada possibile: fabbricarselo da solo per la sua Lancia Appia, che va però distrutta, quindi il primo esemplare adorna il cruscotto d'una fiammante Abarth Zagato 700 Bialbero.
È il primo di una produzione in piccola serie. Con due step qualitativi, uno contenuto, il secondo decisivo. Punto uno, Totò Calascibetta, veterano della Targa Florio, diventa il primo pilota di buon nome a richiedergli un volante. Punto due, mentre ci si avvicina alla prima metà degli anni Sessanta, in un battibaleno Moretti diventa fornitore di volanti della Ferrari F1.
Il link del destino ha un nome e anche un cognome: Eugenio Dragoni, al tempo direttore sportivo della Rossa. Ricordava Gianpiero a Franco Varisco: «Ero socio della Scuderia Sant'Ambroeus, il cui uomo forte era appunto lo stesso Dragoni, il quale era diventato *Diesse* Ferrari.
A lui chiesi se per caso i miei volanti potevano interessare a quelli di Maranello, fino a che un giorno Eugenio mi invitò ad andare con lui, dicendo: "Vado a Maranello, vieni?" Nella sede Ferrari, Dragoni mi presentò il cavalier Giberti, addetto agli acquisti, e da quel giorno diventai fornitore ufficiale della Ferrari».
Non è un momento qualsiasi nella storia della Rossa. Risorta dopo una diaspora di tecnici a fine 1961, è

riers won him over and was to become his life.
He began racing at 21, once he had come of age, because his family would not allow him to earlier, then one day, again at Monza, he saw Umberto Masetti testing in a Maserati Sport and was struck by his beautiful wooden steering wheel, of a smaller than usual diameter.
Gianpiero immediately set out to get one of his own, Umberto promised him one but the wheel failed to arrive and so the young man followed the only possible path: making one himself for his Lancia Appia, which however was wrecked and so the first example adorned the dashboard of a stunning Abarth Zagato 700 Bialbero.
This was the first of a limited series. With two qualitative steps, one minor, the second decisive. Step one, Totò Calascibetta, a Targa Florio veteran, became the first reputable driver to ask Moretti for a steering wheel. Step two, as the mid-Sixties approached, Moretti in a flash became the supplier of steering wheel to the Ferrari F1 team.
The intermediary between Moretti and his destiny had a name and surname: Eugenio Dragoni, then Ferrari sporting director. As Gianpiero recounted to Franco Varisco: «I was a member of the Scuderia Sant'Ambroeus, whose top man Dragoni had become the Sporting Director. I asked him where by chance my steering wheels might be of interest at Maranello and one fine day Eugenio invited me on a trip saying: "I'm going to Maranello, would you like to come?" At the Ferrari factory, Dragoni introduced me to Cavalier Giberti, the purchasing manager and from that day I became an official Ferrari supplier».
This was no ordinary period in the history of the Rossa. Reborn after a technical diaspora at the end of 1961 thanks to John Surtees, a multiple championship winner on two wheels who was also to claim the drivers' World

Al volante delle "Rosse" in F1

letteralmente rinata e grazie a John Surtees, pluriridato delle due ruote, che torna a fregiarsi del Campionato del mondo piloti. Moretti arriva quindi nella pienezza dei tempi, puntuale per gustarne la gloria.
Il rapporto prima appare circoscritto alla fornitura di pezzi per le vetture da competizione e poi passa al campo produzione, con la fornitura alle Ferrari Dino stradali.
La *partnership* diviene in poco tempo totale se non totalizzante, perché perfino Enzo Ferrari, il grande patriarca, chiede personalmente a Moretti uno dei rinomati volanti addirittura per la sua auto personale, ossia una Peugeot: «Mi chiamò per spiegarmi come lo voleva – ricordava Gianpiero – descrivendomi colore del legno, razze e corona, con una pignoleria e una serietà che non lasciavano dubbi su quanto fosse deciso nei gusti. Tanto che quando provai a esprimere perplessità, il Commendatore rispose secco: "Ho detto che lo voglio così". E così fu».
Anche il tenore dei rapporti tra le due aziende – ovviamente diversissime ma simili in quell'epoca nella condizione verticistica – appare originale. Non a caso la prima Ferrari mai posseduta da Gianpiero è un'imponente GT del Cavallino a lui recapitata quale saldo in natura per una sostanziosa fornitura di volanti.
La *partnership* tra l'azienda del milanese e quella emiliana pare granitica e prosegue in F1 bucando le ere della Ferrari, sia nella buona che nella cattiva sorte, visto che il trionfo di Surtees, grande estimatore di Gianpiero, nel Mondiale 1964, è seguito da uno dei periodi più bui e avari nella storia del Cavallino Rampante, almeno per quanto riguarda i Gp.
Eppure la relazione continua, sublimandosi nel rifiorire della Rossa nella massima Formula, poco prima della metà degli anni Settanta, con al timone il giovane *Diesse* Luca Cordero di Montezemolo e nell'abitacolo il ritorno di

At the wheel of the "Rosse" in F1

Championship title on four. Moretti therefore arrived at just the right time to enjoy a share of the glory.
The relationship firstly appeared restricted to the supply of racing components before moving into the production field with supplies for the Ferrari Dino road cars.
The partnership was soon reinforced with even Enzo Ferrari, the great patriarch himself, personally asking Moretti for one of his famous steering wheels for his own personal car, a Peugeot: «He called me to explain how he wanted it», remembered Gianpiero. «Describing for me, the colour of the wood, spokes and rim, with a precision and a seriousness that left no doubt as to his decisiveness in matters of taste. So much so that when I tried to express a doubt, the Commendatore replied drily: "I said I want it like that", and like that it was».
The spirit of the relationship between the two companies - which naturally were very different at that time but similar in the nature of their vertical structure, was also original. It was no coincidence that the first Ferrari Gianpiero ever owned was an imposing GT emblazoned with the Prancing Horse delivered to him as payment in kind for a substantial order for steering wheels.
The partnership between the Milanese and Emilian companies appeared to be particularly solid and continued in F1, traversing the eras through good times and bad, given that the triumph of Surtees, a great admirer of Gianpiero, in the 1964 World Championship was followed by one of the darkest and least successful periods in the history of the Prancing Horse, at least with regard to the Grands Prix.
And yet the relationship continue and was consolidated with the rebirth of the Rossa in the blue ribbon formula in the early Seventies, with the young Sporting Director Luca Cordero di Montezemolo at the helm and Clay

Il volante Momo diventa sinonimo di Ferrari: in alto, ancora Bandini (1966); al centro, Amon, nel corso della stagione 1968 sulla 312 F1 e, infine, l'abitacolo del prototipo 512 S (1970).

The Momo steering wheel became synonomous with Ferrari: top, Bandini again (1966); centre, Amon, during the 1968 season in the 312 F1 and, lastly, the cockpit of the prototype 512 S (1970).

Il volante Momo all'interno di una delle Ferrari che avrebbero meritato miglior fortuna: la monoposto 312 F1 impiegata nella stagione agonistica 1969.

The Momo steering wheel in one of the Ferraris that deserved to be more successful: the 312 F1 single-seater used in the 1969 season.

Clay Regazzoni e l'arrivo del giovane semisconosciuto ma promettente Niki Lauda, a stringere i volanti Momo.
Il Campionato del mondo sfiorato da Clay nel 1974 e alfine conquistato da Niki l'anno dopo sono segnali che rappresentano un momento fondamentale nella promozione di entrambi i marchi. Non solo. Ai fornitori, specie se italiani, Enzo Ferrari crede moltissimo. Per lui i soli sponsor che un team come il suo può avere hanno matrice tecnica e un rapporto diretto con le sue automobili.
Fin qui la bella realtà. Poi le sue evoluzioni, che a un certo punto assumono connotazioni che è lecito, con un eufemismo, definire, a tratti, delicate.
Un episodio su tutti. A fine 1977, dopo il secondo Mondiale vinto insieme, Niki Lauda lascia la Ferrari, da una parte visto il deterioramento dei rapporti tra il pilota e la dirigenza della squadra, dall'altra per la milionaria (in dollari) offerta a lui fatta da Bernie Ecclestone della Brabham, forte della munifica sponsorizzazione Parmalat. Enzo Ferrari prende l'abbandono di Niki Lauda come un tradimento bello e buono e non perde occasione sui media dell'epoca di attaccare l'austriaco, che, per parte sua, si dimostra assai più ciarliero e sarcastico del compassato Commendatore.
E qui s'inserisce Moretti, la cui azienda, a poco tempo dal divorzio Lauda-Ferrari, fa una scelta apparentemente innocua ma, alla resa dei fatti, gravida di significati, propagandando i suoi prodotti ricorrendo proprio all'immagine del transfuga austriaco.
Apriti cielo, Enzo Ferrari va su tutte le furie. Lauda è un traditore e chiunque usa la sua immagine indirettamente e involontariamente si pone dalla parte di chi ha tradito. Moretti a tal proposito ricordava diverito: «Ferrari mi mandò fulmini e saette al telefono e poco dopo nel suo ufficio mi gelò letteralmente... In quelle occasioni il

Regazzoni and the arrival of the young and relatively unknown but promising Niki Lauda gripping the Momo steering wheels.
The world championship just missed by Clay in 1974 and won by Niki the year after were evidence of a fundamental moment in the promotion of both marques. Moreover, Enzo Ferrari always had great faith in his suppliers, especially when they were Italian. For him the only sponsors that a team like his could have were of a technical nature and had a direct relationship with his cars.
Up to this point, things had been straightforward.
Then developments took what could euphemistically be described a delicate turn.
One episode was emblematic. In late 1977, following the second World Championship won together, Niki Lauda left Ferrari given, on the one hand, the deterioration in the relationships between the driver and the team management, and on the other the stratospheric offer (in dollars) that arrived from Bernie Ecclestone's Brabham, thanks to the munificent Parmalat sponsorship. Enzo Ferrari took Niki's defection like nothing more and nothing less than a betrayal and never missed an opportunity in the press at the time to attack the Austrian who, for his part, proved that he was far more biting and sarcastic than the Commendatore.
It was here that Moretti came into the picture as shortly after the Lauda-Ferrari divorce, his company had made a decision, seemingly innocuous but in retrospect loaded with significance, to promote its products through the image of the Austrian defector.
Enzo Ferrari took it badly. Lauda was a traitor and to use his image, be it indirectly or involuntarily, was to place yourself at his side. To this end an amused Moretti remembered: «Ferrari hurled thunderbolts and lightning

Al volante delle "Rosse" in F1

Commendatore non lasciava parlare l'interlocutore, lo schiacciava con le sue parole, con le sue ragioni e le sue decisioni, che aveva già preso ed erano comunque irrevocabili».

A nulla valgono le timide giustificazioni del titolare: la Momo dovrà sottostare alla ferma sentenza del Commendatore: un anno secco di sospensione dalle forniture. Magari con il rischio che nel frattempo l'arrivederci si tramuti in addio.

Un problema che però, col passare del tempo, diviene per la Momo l'occasione di una grande rivincita e il riproporsi felice del connubio, perché la Ferrari comunque torna, in quanto non pienamente soddisfatta dalle forniture che aveva utilizzato per riempire il vuoto creatosi.

Si apre una nuova e feconda fase di collaborazione, che passa per gli anni Ottanta, il periodo di fioritura mediatica globale della F1 a livello di audience mediatico e in particolar modo televisivo.

Un palcoscenico ormai planetario col nome della macchina da corsa più famosa e amata nel mondo: l'azienda di Moretti non può non giovarne, avendo l'onore e il merito di avere i suoi volanti impugnati anche dal grande Michele Alboreto, primo italiano che nel 1984 torna a essere prescelto dal Drake dopo Arturo Merzario.

Proprio il milanesissimo Michele riporta la Momo a sfiorare il titolo iridato con la Ferrari nella memorabile stagione 1985, che lo vede sino a metà Campionato impensierire gli avversari, primo fra tutti il francese Alain Prost, salvo cedere il passo nel finale per problemi di affidabilità del motore al campionissimo francese al volante della McLaren-Tag-Porsche turbo.

Alla Ferrari si fa di tutto per inseguire quel titolo piloti che manca dal 1979, l'anno di Jody Scheckter e della 312 T4.

At the wheel of the "Rosse" in F1

at me via the telephone and shortly afterwards, in his office, he literally froze me out… On the those occasions the Commendatore never let the person in front of him speak, he would crush him with his own tirade, with his own motives and decisions which had already been taken and were irrevocable».

Moretti's timid justifications went unheard: Momo would have to accept the Commendatore's immoveable verdict; a full year's suspension as a supplier. Perhaps with the risk that in the meantime that arrivederci would transform into a definitive farewell.

For Momo, however, as time passed the problem actually had a happy ending as the relationship was restored with Ferrari returning not completely satisfied with the components it had had to use to fill void that had been created.

A new and fruitful phase in the relationship opened which took in the 1980s and the period in which F1 enjoyed an explosion in media interest and coverage, especially through television.

A by now global stage with the name of the world's most famous and best-loved racing car: Moretti's company could not help but benefit, having the honour and the merit of its steering wheels being used by the great Michele Alboreto, who in 1984 became the first Italian to be chosen by the Drake after Arturo Merzario.

It was the Milan-born Michele who took Momo and Ferrari to within a hair's breadth of the World Championship in the memorable 1985 season that saw him giving his rivals, above all the Frenchman Alain Prost, food for thought through to mid-season before reliability issues with the Ferrari engine enabled to the great French driver to take the title at the wheel of the McLaren-Tag-Porsche turbo.

In alto, il gruppone di F1 alla Parabolica, nel corso del Gp di Monza 1970, vinto dalla Ferrari di Clay Regazzoni impugnando un volante Momo.
Al centro, l'abitacolo della 330 P4 (1967) e, in basso, Amon, portacolori Ferrari nel 1968, anche lui con l'immancabile Momo...per le mani.

Top, the F1 pack at the Parabolica during the course of the Monza GP in 1970, won by Clay Regazzoni with a Momo steering wheel. Centre, the cockpit of the 330 P4 (1967) and, bottom, Amon, a Ferrari flag-bearer in 1968, gripping the customary Momo.

Così viene assunto l'inglese John Barnard per costruire la rivoluzionaria F1-89 che debutterà nel 1989 condotta da Mansell (vittoriosamente, in Brasile) e da Berger, col cambio al volante e non più simboleggiato dalla leva sul lato dell'abitacolo.
Il volante stesso s'avvia a diventare uno strumento sempre più complesso e importante nel funzionamento di una monoposto.
Momo e Ferrari continuano a procedere unite, quando si completa la metamorfosi più sorprendente: se agli inizi, il volante stesso era un manufatto che si applicava al cruscotto, ormai il cruscotto è la miniaturizzazione di una strumentistica che si applica al volante, con la corona che trasmuta in cloche e le razze che lasciano il posto a una nuova filosofia strutturale, con tanto di display nel mezzo.
E mentre Moretti come pilota vive una seconda giovinezza in America al volante della Ferrari 333 SP, a Maranello la Rossa, nella seconda metà degli anni Novanta, prosegue la sua storia con la Momo, visto che getta le basi della ennesima rinascita con l'arrivo dalla Benetton del grande Michael Schumacher al quale viene affiancato come scudiero di lusso Eddie Irvine.
Il resto è storia, con frequenti sconfinamenti nella leggenda.
Di cronachistico e lodevolmente memorabile c'è da registrare che il rapporto tra Momo e Ferrari s'espande fino a toccare e superare le cinque decadi, traguardo proverbialmente ambito e raramente toccato solo dai matrimoni più riusciti.

Ferrari did everything possible as it chased the drivers' title that had escaped it since 1979, the year of Jody Scheckter and the 312 T4.
The Englishman John Barnard was hired to design the revolutionary F1-89 that made its debut in 1989 driven by Mansell (victoriously in Brazil) and Berger, with a gearshift on the steering wheel and no longer symbolised by the lever at the side of the cockpit.
The steering wheel itself was gradually becoming ever more complex and important to the running of the car.
Momo and Ferrari continued to work together through to the completion of the most surprising metamorphosis: while in the beginning the steering wheel itself was an object that was applied to the dashboard, now the dashboard had become a set of miniaturised instruments that were applied to the steering wheel, with the rim having transformed into a joy-stick and the spokes giving way to a new structural philosophy, with an electronic display in the middle.
And while Moretti the driver enjoyed a second youth in America at the wheel of the Ferrari 333 SP, at Maranello in the second half of the 1990s the Rossa continued to work with Momo, laying the foundations for yet another rebirth with the arrival from Benetton of the great Michael Schumacher who was joined by Eddie Irvine as an ideal teammate.
The rest is history, with frequent ventures into legend.
For the record it should be mentioned that the relationship between Momo and Ferrari proceeded through to and beyond its fifth decade, a rare goal achieved only by the most successful of marriages.

CLAY REGAZZONI

In alto, Regazzoni sulla Ferrari 312 T (1975): è suo il volante nella foto piccola al centro; a destra, Lauda nel 1976 e, sotto, ancora Clay al Ring 1974. Nella pagina a fianco, in alto, Zandvoort 1971, Regazzoni; a sinistra, Ickx su Ferrari 312 B2 e Forghieri; a destra, l'abitacolo del prototipo 512 S (1970).

Top, Regazzoni in the Ferrari 312 T (1975): the steering wheel in the small photo in the centre is his; right, Lauda in 1976 and, below, Clay again at the Ring in 1974. On the facing page, top, Zandvoort 1971, Regazzoni; on the left, Ickx in the Ferrari 312 B2 and Forghieri; right, the cockpit of the 512 S prototype (1970).

In alto, Gilles Villeneuve sulla Ferrari 312 T4 1979 e, a fianco, ai box. A destra, il sudafricano Jody Scheckter, iridato per la Ferrari nel 1979 con volante Momo e, sotto, Didier Pironi nel 1981, il primo anno del turbo di Maranello in F1.

top, Gilles Villeneuve in the Ferrari 312 T4 1979 and, alongside, in the pits. Right, the South African Jody Scheckter, a world champion with Ferrari in 1979 with a Momo steering wheel and, below, Didier Pironi in 1981, the year of Maranello's first turbocharged F1 engine.

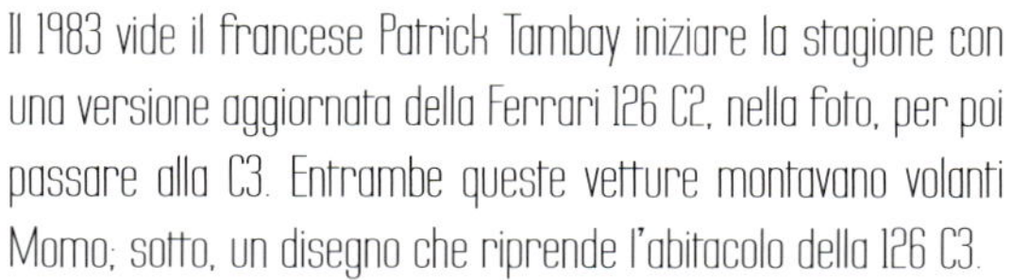
Il 1983 vide il francese Patrick Tambay iniziare la stagione con una versione aggiornata della Ferrari 126 C2, nella foto, per poi passare alla C3. Entrambe queste vetture montavano volanti Momo; sotto, un disegno che riprende l'abitacolo della 126 C3.

1983 saw the French driver Patrick Tambay begin the season with an updated version of the Ferrari 126 C2, in the photo, before moving on to the C3. Both cars were fitted with Momo steering wheels; below, a drawing of the cockpit of the 126 C3.

La stagione 1988 si rivelò densa di significato perché, in agosto, all'età di 90 anni, scomparve Enzo Ferrari e, poche settimane dopo, Berger, a sinistra, vinse il Gp d'Italia sulla "Rossa", davanti a Michele Alboreto, il cui volante, autografato, è quello nelle immagini scattate oggi.

The 1988 season proved to be particularly significant because the August of that year saw the death of Enzo Ferrari, a few weeks later Berger, left, won the Italian GP in the Rossa, in front of Michele Alborretto whose autographed steering wheel is the one in the photos.

Nel 1989 la rivoluzionaria Ferrari F1-89 di John Barnard adotta per prima il cambio al volante: ecco il Momo di Berger, che segna questa svolta epocale nei Gp. Sopra, a sinistra, Prost, ferrarista dal 1990, qui con... l'attrezzo del mestiere in mano e, in gara col compagno di squadra Mansell a Silverstone, sempre in quella stagione.

In 1989 the revolutionary Ferrari F1-89 designed by John Barnard was the first car to adopt a gear change paddles on the steering wheel: this is Berger's Momo which marked the epochal moment in GP history. Above, left, Prost a Ferrarista from 1990, with the tools of the trade in his hands and while racing with his teammate Mansell at Silverstone in the same year.

Patrick Tambay

«Momo ed io...una lunga storia. Certo, quando ho corso con la Ferrari in F1 adottavo volanti Momo. Le mie 126 C2 e C3 delle stagioni 1982 e 1983 ne erano equipaggiate. E dopo ogni vittoria – ma anche in altre occasioni – i miei meccanici volevano sempre farmi omaggio del volante con cui avevo corso. Era una sorta di tradizione. Ma io, a quell'epoca, diciamo che non ero molto propenso ai souvenirs, a quella sorta di "reliquie" delle corse anche se, oggi, devo riconoscere che forse, a quel tempo, non mi rendevo ben conto di quanto fossi un privilegiato per l'opportunità che mi veniva data. Come tutti i piloti, vivevo al 100% soltanto nel presente, pensando unicamente alla prossima corsa che avrei dovuto disputare, settimana dopo settimana. I volanti, ma anche altri oggetti legati alla Momo, ero solito regalarli durante l'anno ai miei amici più stretti. Oggi questo mi dispiace, tanto più perché il mio personale rapporto con Momo è proseguito ben oltre la Ferrari. In effetti, per sei anni consecutivi, abbiamo organizzato a Vilars sur Olon, in Svizzera, un trofeo di golf Patrick Tambay. E sempre, in quelle occasioni, Momo e Moretti sono stati partners appassionati ed entusiasti dell'evento. Anno dopo anno mi sono sempre più convinto che proprio l'entusiasmo è una componente fondamentale del DNA di Momo».

Patrick Tambay

«Momo et moi, c'est une longue histoire. Bien sûr, il y avait les volants de mes F1, chez Ferrari. Mes 126 C2 et C3 des saisons 1982 et 1983 en étaient équipées. Et, après chaque victoire – et en d'autres occasions, aussi – mes mécaniciens m'offraient leur volant. C'était une sorte de tradition. Mais moi, à cette époque, je n'étais pas très porté sur les souvenirs, sur les «reliques» de la course. Je dois même reconnaître aujourd'hui que je ne mesurais pas alors le caractère absolument privilégié de ma position. Comme tous les pilotes, je vivais à 100% dans le présent, ne pensant qu'à la prochaine course, semaine après semaine. Ces volants et ces objets Momo, je les ai offerts à des amis, au fil des années. Et aujourd'hui, je le regrette d'autant plus que mon histoire commune avec Momo a continué bien après Ferrari. En effet, pendant six ans, chaque année, nous organisions un Trophée de Golf Patrick Tambay, à Villars sur Olon, en Suisse. Et pendant toute cette période, Momo et Giampiero Moretti étaient partenaires du meeting. Un partenaire passionné, enthousiaste. Au cours de toutes années, je me suis aperçu que l›enthousiasme est une des composante du génome de Momo».

Jean Alesi

«Ho incontrato Gianpiero Moretti in diverse occasioni. Momo ha rappresentato una parte molto importante della mia carriera. All'epoca in cui correvo per la Ferrari, Giampiero ogni anno veniva da noi con volanti di taglia, forma e impronta differenti, che noi testavamo durante le prove invernali. Per Monaco impiegavamo volanti con un'impugnatura più fine, più maneggevole, mentre per le piste più veloci come Silverstone, con passaggi in cui bisognava avere il massimo controllo della vettura, che all'epoca era priva del controllo di direzione, optavamo per un'impugnatura del volante più spessa, con una migliore presa. Usando volanti come quelli di Monaco, dopo la gara, avevamo spesso le mani ferite, ma comunque era più importante la maneggevolezza, un aspetto su cui, all'epoca, si lavorava molto. Ma comunque I miei ricordi legati a Momo sono davvero tanti».

Jean Alesi

«J'avais rencontré Giampierro Moretti à de nombreuses reprises. Momo, c'est une partie très importante de ma carrière. Quand je courrais chez Ferrari, ils venaient chaque hiver avec des volants de tailles différentes, des formes et empreintes différentes et nous les essayons, en hiver. Pour Monaco, c'était avec une jante plus fine, plus maniable, mais pour les rapides comme Silverstone, avec des passages où il fallait bien tenir la voiture, qui était alors dépourvue de direction assistée, nous options pour des jantes de volant plus épaisses, avec une meilleure préhension. On se blessaient souvent à Monaco, mais c›était plus maniable ainsi. Nous travaillions alors beaucoup sur ce sujet. Et les souvenirs de Momo sont extra».

A sinistra, Alain Prost nello sfortunato 1991, anno che sancì il suo addio alla Rossa. Gerhard Berger, a destra, pilota Ferrari, sempre fedele a Momo anche nella stagione 1993. Nell'immagine sopra, il volante Momo impiegatp da Jean Alesi nel corso del 1992.

Left, Alain Prost during the unsuccessful 1991 season that led to him bidding farewell to the Rossa. Gerhard Berger, right, a Ferrari driver and always faithful to Momo even in the 1993 season. In the photo above, the Momo steering wheel used by Jean Alesi in 1992.

Negli anni Novanta il volante delle monoposto di F1 si trasforma sempre più in una sorta di cloche d'aereo. Le immagini mostrano quello utilizzato da Gerhard Berger nel 1994, che si vede anche nell'abitacolo della monoposto schierata dalla Ferrari in quella stagione.

In the 1990s the steering wheel of the F1 cars because ever more like an aircraft joystick. These photos show the one used by Gerhard Berger in 1994, which is also seen in the cockpit of the car raced by Ferrari that season.

L'arrivo di Michael Schumacher alla Ferrari, nel 1996, coincide con l'inizio di una nuova svolta tecnica; proprio il volante diventa sede privilegiata di pulsanti e manettini per settare la monoposto in gara. Una nuova sfida tecnologica estrema che vede Momo e Ferrari insieme in prima linea.

Michael Schumacher's arrival at Ferrari in 1996 coincided with the beginning of a new technical revolution: the steering wheel became the location for buttons and switches allowing the car to be adjusted during the race. A new and extreme technological challenge that was to see Momo and Ferrari together in the front line.

Momo, Michel Schumacher e Ferrari: tre nomi che diventano sinonimi tanto sono vicini nell'era più monopolistica nella storia della F1, con ben cinque titoli mondiali Piloti consecutivi, conquistati dal 2000 al 2004. Il volante ormai è divenuto una plancia miniaturizzata, dalla quale il campione dirige la sua "astronave rossa" nella rotta implacabile verso la vittoria.

Momo, Michael Schumacher and Ferrari: three names that became closely entwined in the most monopolistic period in F1 history, with no less than five consecutive drivers' titles conquered between 2000 and 2005. The steering wheel had by then become a kind of miniaturised dashboard from which the driver governed his "red rocketship" on its implacable route towards the title.

Altri prodotti

Other products

Alcuni esempi dei diversi prodotti sviluppati da Momo nel corso degli anni: dal porta sci magnetico alle lampadine per auto ad alto potere illuminante.

A number of examples of the diverse products developed by Momo over the years: from the magnetic ski rack to high power bulbs for cars.

Momo è nata con il volante e si è ulteriormente sviluppata soprattutto grazie alla ruota in lega.
Ma non bisogna dimenticare che il marchio italiano ha sempre fatto della diversificazione di prodotto uno dei propri punti di forza. E diversificazione, per Momo, non è sinonimo di "mancata specializzazione", bensì è una chiara strategia aziendale volta a offrire all'appassionato prodotti dotati di design, qualità e sicurezza ai massimi livelli.
Infatti, sin dagli esordi, l'Azienda ha puntato a realizzare il miglior prodotto possibile in ogni categoria nella quale si è cimentata.
Naturalmente, il raggiungimento di questo obiettivo era, ed è tutt'ora, agevolato dal fatto che vi è sempre stata una coerenza di fondo tra i prodotti, che spesso si sono rivelati complementari, sia in termini di utilizzo, sia di materiali, sia per quanto riguarda le tipologie di finitura e le tecnologie produttive.
Nell'ambito del mercato tuning, chiari esempi vengono dai pomelli del cambio e dai pedali, che talvolta adottano lo stile dei volanti per regalare all'abitacolo un look molto personale ma armonioso allo stesso tempo.
In altri casi, invece, il design di questi prodotti può essere del tutto originale: nasce in modo totalmente indipendente da quello di altri e segue una propria strada, pur restando in quel solco stilistico che potremmo definire come *family feeling* Momo.
Una logica simile è adottata da Momo anche per quanto riguarda la gamma racing, con la differenza che, all'interno di questo ampio e variegato gruppo, i prodotti sono molto diversi tra loro per l'uso specifico al quale sono destinati: volanti da competizione, sedili, tute, guanti, scarpe e molti altri ancora.

Momo was born with its first steering wheel and expanded thanks above all to the light alloy wheel.
We should not forget, however, that this Italian brand has always made product diversification one of its strong suits. And in the case of Momo, diversification is not a synonym for a "lack of specialisation", but rather a clear corporate strategy aiming at offering the enthusiast products boasting style, quality and the utmost safety.
From the outset, in fact, the company has been determined to create the best possible product in every category in which into which it ventures.
Naturally, the reaching of this objective was, and still is, facilitated by the fact that there has always been an underlying coherence among the products, which have frequently been complementary, both in terms of use and materials and with regard to the types of finish and production technologies.
Within the ambit of the tuning market, clear examples are the gear knobs and the pedals, which in some cases adopt the style of the steering wheels to give the cockpit a very personal yet very harmonious look.
In other cases, the design of these products has been wholly original: it is created independently of the others and follows its own path, while retaining that stylistic code we might define as the Momo family feeling.
A similar logic has been adopted by Momo with regard to the racing range, with the difference that within this broad and variegated group the products are very different to one another due to the specific functions for which they are designed: competition steering wheels, seats, overalls, gloves, shoes and much more.
The concept of stylistic coherence is certainly more

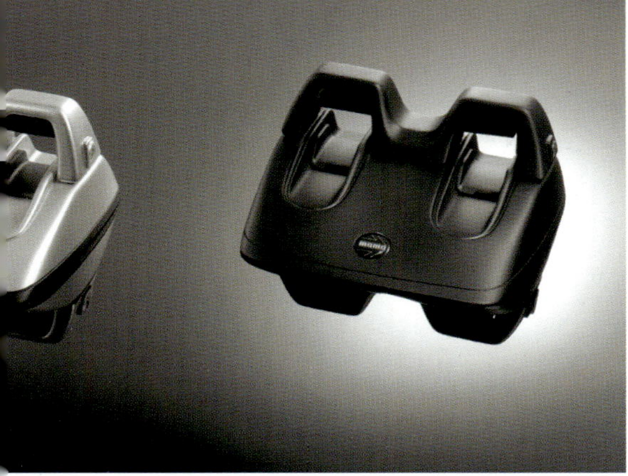

Ecco, allora, che il concetto di coerenza stilistica diventa certamente evidente per quanto riguarda i prodotti "indossabili", mentre risulta più labile tra questi e gli altri prodotti racing, destinati all'allestimento delle vetture da competizione (tipicamente sedili e volanti).
Nella determinazione di un design di marchio gioca un ruolo fondamentale non solo lo stile ma anche la scelta dei materiali e delle finiture.
Qui, parliamo non solo di qualità delle materie prime, ma anche di innovazione e cura nel loro utilizzo.
E l'attenzione al dettaglio, per Momo, è un fattore fondamentale.
I pellami "pieno fiore" impiegati per vari prodotti sono stati, sin dai primi anni di produzione dei famosi volanti sportivi, tra i migliori disponibili sul mercato.
I legni (che oggi rappresentano solo una piccola parte del mercato, ma che in passato erano molto diffusi su volanti e accessori per auto di alta gamma), nelle loro pregiate essenze Mogano, Zebrano, Radica, provenivano da lotti estremamente selezionati, per offrire un livello di qualità costantemente ai massimi livelli.
Ma la materia prima può ben poco, senza una sapiente lavorazione. Ecco, allora, che abili maestri artigiani mettono la loro grande esperienza al servizio del prodotto, garantendo la massima qualità artigianale in tutte le fasi della produzione.
Basti pensare, a titolo di esempio, alle diverse tipologie di cucitura (a fili paralleli, a fili incrociati, oppure la preziosa cucitura combinata a fili paralleli e incrociati allo stesso tempo) e all'ampia gamma cromatica dei fili stessi.
Ancora una volta, molti prodotti racing fanno storia a sé: per motivi strettamente legati alla sicurezza in pista, le normative e gli standard omologativi internazionali spes-

evident with regard to the "wearable" products, while it proves to be less important between these and the other racing products destined to equip racing cars (typically seats and steering wheels).
In determining a brand design a fundamental role is played not only by style but also the choice of materials and finishes.
Here we are talking about the quality of the raw materials and also innovation and care in their application.
Attention to detail is a fundamental aspect for Momo.
The full grain leathers used for various products have from the very first years producing the famous sports steering wheels, been among the best available on the market.
The woods (which today represent a small part of the market but which in the past were widely used on steering wheels and accessories for quality cars) such as mahogany, zingana and walnut, come from carefully selected stocks in order to offer quality that is constantly at the highest levels.
However, the raw material counts for little without skilful workmanship. It is here that the company's talented craftsmen put their great experience at the service of the product, guaranteeing the highest levels of craftsmanship in every phase of production.
Just take for example the various types of stitching (parallel threads, cross threads and a complicated combination of the two) and the range of colours used for the threads themselves.
Once again, many of the racing products are a case apart: for motives closely bound up with on-track safety, the regulations and international homologation standards frequently impose the use of specific materials, precise dimensional restrictions and other requisites

Altri prodotti

so impongono l'adozione di specifici materiali, di precisi vincoli dimensionali e di altri requisiti come linee guida per lo sviluppo di diverse tipologie di prodotto.
Dunque, esistono fattori imprescindibili che, in parte, condizionano lo stile del prodotto.
Detto questo, è comunque possibile creare un prodotto assolutamente personalizzato dal punto di vista estetico e migliore sotto il profilo tecnico, intervenendo su numerosi parametri.
Basti pensare alle tute: se è vero che devono essere realizzate in tessuto ignifugo e offrire una precisa resistenza alla fiamma diretta, alla trasmissione del calore e ad altre situazioni potenzialmente pericolose per il pilota, possono essere realizzate nelle più disparate livree e combinando molti diversi colori e grafiche.
La spinta all'innovazione di prodotto, che da sempre caratterizza Momo, ha anche dato origine, nel corso del tempo, a prodotti appartenenti a particolari nicchie di mercato, quali i porta sci (sia a fissaggio meccanico, sia magnetico) e ad altri molto specializzati e tecnici quali gli pneumatici per auto.
Nel 2012, infatti, è avvenuto il lancio della prima gamma di pneumatici per auto a marchio Momo della storia dell'Azienda italiana.
Questo progetto ha richiesto enormi investimenti e uno sforzo organizzativo importante, ma ha portato un ulteriore ampliamento della gamma con una intera famiglia di nuovi prodotti dall'impatto strategico.

Other products

such as guideline for the development of various product types.
There are therefore certain inescapable factors that condition the design of these products.
This said, it is nonetheless possible to create product that is unique in terms of aesthetics and better in terms of performance by focusing on diverse parameters.
Take overalls for example: while it is true that they have to be made in a fireproof fabric and offer precise resistance to a direct flame, the transmission of heat and other situations potentially dangerous for the driver, they can be made in the most diverse liveries and combine many different colours and graphics.
The thrust towards product innovation that has always characterised Momo has over the years also given rise to products belonging to particular niche markets such as ski racks (with both mechanical and magnetic fixtures) and other highly specialised and technical items such as tyres for cars.
In 2012, in fact, saw the launch of the first range Momo branded car tyres in the history of the company.
This project required enormous investments and major organizational efforts, but has led to a further expansion of the company's range with an entire family of new products with a strategic impact.

Alcuni esponenti della gamma racing: i guanti Xtreme Pro, il volante Mod. 78 in due colori e le scarpe GT Pro. In basso, la produzione delle tute Momo è affidata a personale altamente specializzato.

A number of products from the racing range: the Xtreme Pro gloves, the Mod. 78 steering wheel in two colours and the GT Pro boots. Bottom, the production of Momo suits is entrusted to highly specialised staff.

momo CORSE
PIRELLI

Nella pagina a fianco, in alto, molle, pastiglie freno e barre duomi marchiate Momo Corse. A seguire, il pomello super Anatomico in legno e il volante rally Mod. Martini Racing Competition 2. In questa pagina, tre dei più interessati sedili prodotti da Momo Corse per Cinquecento Abarth, Martini Racing e Mini Cooper Cup.

On the facing page, top, springs, brake pads and turret braces with the Momo Corse name. Then there are the Super Anatomico gear knob and the Martini Racing Competition 2 steering wheel. On this page, three of the most interesting seats produced by Momo Corse for the Cinquecento Abarth, Martini Racing and Mini Cooper Cup.

Il alto, il kit pedali GTR2 e i pomelli SK50, Gotham, Combat Evo, Duke, GTR Competizione, Race Airleather. Momo Geox Net Breathing System, la prima scarpa traspirante per le competizioni automobilistiche.

Top, the GTR2 pedal kit and the SK50, Gotham, Combat Evo, Duke, GTR Competizione and Race AirLeather gear knobs. Momo Geox Net Breathing System, the first breathable boot for motor racing.

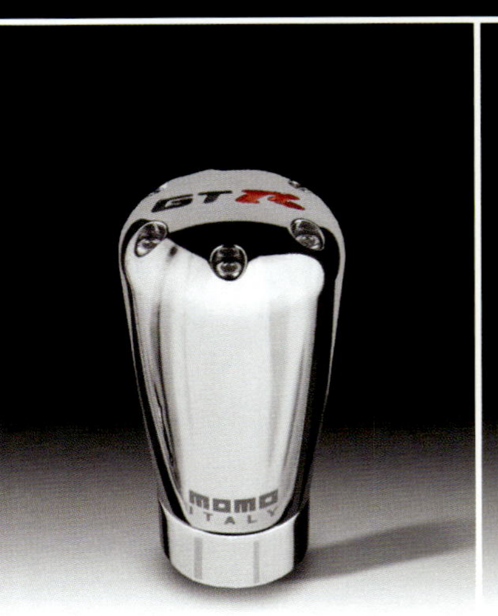

MOMO
ITALY
GEOX
NET
BREATHING
SYSTEM

I sedili Supercup (nella foto piccola in alto e al centro) e Lesmo One (foto piccola in basso e foto grande).

The Supercup seats (in the small photo top and centre) and Lesmo One (small photo bottom and large photo).

momo
momo
momo
momo
momo
momo
momo
momo
momo
momo

Nella pagina a fianco, le tute Top Light Evo, XL One, Pro Racer. In questa pagina, il volante elettronico FWM/01 e i volanti Mod. 07, Mod. 11, Mod. 30, Mod. N35, Mod. 27/C, Mod. 80 Evo. A destra, due prodotti della linea ignifuga Airtech.

On the facing page, the Top Light Evo, XL One and Pro Racer suits. On this page, the FWM/01 electronic steering wheel and the Mod. 07, Mod. 11, Mod. 30, Mod. N35, Mod. 27/C, Mod. 80 Evo steering wheels. Right, two products from the fireproof Airtech range.

A contatto con la strada: i cerchi in lega Momo

In touch with the road: Momo light alloy wheels

Il prodotto, il design. Manifestazioni di una creatività in continua evoluzione, espressioni di tecnologie all'avanguardia nel mondo».
Così esordiva uno dei cataloghi Momo degli anni Novanta parlando implicitamente di un prodotto, la ruota in lega leggera, che più di ogni altro ha contribuito alla crescita dell'Azienda italiana nel corso della sua storia.
La ruota in lega è stata, senza dubbio, la seconda grande intuizione di Momo dopo il volante sportivo.
Peraltro, negli anni Settanta, quando nacque il primo prodotto Momo di questo tipo, il cerchio più diffuso sul mercato era ancora quello in ferro, mentre il cerchio in lega era appannaggio delle vetture di più alta gamma, prevalentemente berline sportive e coupé.
Momo ha saputo trasformare, ancora una volta, una semplice appendice della vettura in un elemento di primo piano, in grado di rubare la scena del design alla vettura stessa, o meglio, di enfatizzarne al massimo le forme.
L'approccio di Momo è stato, come sempre, rivoluzionario: un semplice pezzo ricavato da una fusione di alluminio si è trasformato in oggetto del desiderio, un prodotto in grado di rappresentare uno stile di vita.
E, in effetti, la ruota si prestava ottimamente a questo scopo perché era (ed è) sempre ben visibile dall'esterno, a differenza del volante, il quale, come già è stato detto altrove, provocava una relazione più diretta e intima con colui che lo impugnava.
Naturalmente, la componente tecnologica è sempre stata rilevante nella realizzazione di un cerchio in lega, per ragioni principalmente legate alle prestazioni e, soprattutto, alla sicurezza.
In primo luogo, il prodotto deve essere in grado di

«The product, the design. Manifestations of a creativity in continuous evolution, expressions of avant-garde technology around the world».
This citation from one of the Momo catalogues of the 1990s speaks implicitly about a product, the light alloy wheel, that more than any other contributed to the Italian firm's growth during the course of its history.
The light alloy wheel was undoubtedly the second great Momo intuition after the sports steering wheel.
Moreover, in the 1970s, when the first Momo product of this type appeared, the most common wheel on the market was still made in pressed steel, while alloy wheel were the exclusive preserve of flagship sports saloons and coupés.
Momo proved capable of transforming once again a secondary element of the car into key feature capable of stealing the limelight from the styling of the car itself or at least of complementing its forms.
Momo's approach was, as ever, revolutionary: a simple component produced from an aluminium casting was transformed into an object of desire, a product capable of representing a style of life.
In effect, the wheel lent itself to this very well given that it was (and still is) always clearly visible from the outside, in contrast with the steering wheel, which as mentioned elsewhere provides a more direct and intimate connection between drive and car.
Naturally, technology has always been important in the production of an alloy wheel, for reasons principally associated with performance and, above all, safety.
In the first place, the product has to be able to resist high loading, impacts of a certain severity, corrosion

Due pubblicità dei cerchi in lega Momo negli anni Settanta e, in basso, Niki Lauda a bordo di un Alfa Romeo Alfetta equipaggiata con cerchi Momo Vega.

Two advertisements for Momo light alloy wheels from the Seventies and, bottom, Niki Lauda aboard an Alfa Romeo Alfetta equipped with Momo wheels.

resistere a carichi elevati, ad urti di una certa entità, alla corrosione e a molti altri elementi avversi cui ci si imbatte facilmente durante l'utilizzo che ogni giorno facciamo delle automobili. La ruota, infatti, è prima di tutto un elemento di sicurezza: trattandosi del vero punto di contatto (insieme allo pneumatico) tra la vettura e la strada, è indispensabile che sia totalmente affidabile e sicura.

Per sottolineare questo aspetto, Momo ha sempre investito molte risorse sul tema sicurezza: prova ne sono le numerose certificazioni ottenute in tutto il mondo, come ad esempio TÜV-KBA e la recentissima e internazionale ECE R-124, che rappresentano due tra le più prestigiose omologazioni volte a testare e certificare la sicurezza del prodotto.

In secondo luogo, la ruota in lega deve offrire qualcosa in più in termini prestazionali rispetto al cerchio in ferro, il che si traduce essenzialmente in un peso inferiore e in un migliore design.

Ma proprio quest'ultimo aspetto è più di ogni altra cosa quello che davvero diversifica una ruota da un'altra.

E Momo, sin dalla sua prima gamma di ruote in lega fino ai modelli odierni, ha fatto del più raffinato ed esclusivo design italiano il tema principale della propria offerta.

Infatti, pur con un diametro notevolmente ridotto, come imponeva la tecnologia dell'epoca rispetto agli standard di oggi, il cerchio in lega Momo ha offerto, sin dagli esordi, una cura nel dettaglio che, evidentemente, era figlia di quella maturata nella realizzazione dei volanti sportivi.

E, sebbene la ruota non fosse certo un oggetto che si toccava con mano tutti i giorni, la dedizione con la quale i designer rifinivano è stata da subito quasi maniacale. Oggi le tecnologie e i materiali offrono possibilità

and many other adverse elements that may easily be encountered during the everyday use we make of our cars. The wheel is, in fact, above all a safety feature: as it is the true point of contact (together with the tyre) between car and road, it is indispensable that it is absolutely reliable and safe.

In order to underline this aspect, Momo has always invested significant resources in the field of safety: the evidence lies in the numerous certifications gained throughout the world, for example the TÜV-KBA and the very recent international ECE R-124 which represent two of the most prestigious product safety certifications.

Secondly, the alloy wheel also has to offer something extra in terms of performance with respect to the pressed steel wheel, which essentially translates into less weight and improved design.

It is this last aspect that truly differentiates one wheel from another.

And Momo, from its very first wheels through to the current models, has made the most sophisticated and exclusive Italian design the principal feature of its range.

While having a notably smaller diameter, as demanded by the technology of the times with respect to the present-day standards, from its debut the Momo light alloy wheel boasted an attention to detail that naturally derived from that developed in the production of steering wheels.

And while the wheel is certainly not an object that was touched directly on a daily basis, the designers' devotion to it was from the outset almost maniacal. Today, technology and materials clearly offer stylistic possibilities infinitely superior to those of the 1970s.

A contatto con la strada: i cerchi in lega Momo

In touch with the road: Momo light alloy wheels

stilistiche infinitamente superiori rispetto a quelle degli anni Settanta, è ovvio. E certamente, in questo fa gioco la tendenza all'incremento delle dimensioni delle ruote (in particolare, del loro diametro) che ha accompagnato l'evoluzione dell'industria automobilistica.
Ma il design "made in Milano" dei cerchi in lega Momo è ancora uno dei fiori all'occhiello dell'Azienda italiana. Pur nella molteplicità di stili, colori, finiture e accessori che una ruota moderna deve essere in grado di trasmettere, l'intera produzione Momo offre quel sapore autentico e quell'impronta "sportiva con stile" che caratterizza il Marchio sin dagli anni Sessanta.
Ovviamente, il mondo delle competizioni ha dato, ancora una volta, il proprio contributo sia al *know-how* tecnico di Momo, sia alla sua immagine: come dimenticare, infatti, la celebre vittoria nel Campionato del mondo di F1 di Nelson Piquet su Brabham nel 1983? Ebbene, quella vettura era equipaggiata con ruote marchiate Momo, così come lo è, nel 2014, la Porsche GT3 del team Momo NGT che corre nel Campionato IMSA americano.
Anche questo, in fondo, fa parte del poliedrico carattere di Momo.

Certainly, the gradual increase in the dimensions of the wheels (in particular their diameter) that accompanied the evolution of the automotive industry helped in this respect.
However, the "made in Milano" styling of Momo's alloy wheel is still one of the Italian company's strong suits. Within that multiplicity of styles, colours, finishes and accessories that a modern wheel must be capable of offering, Momo's entire range offers that authentic flavour of "sport with style" that has characterised the brand ever since the 1960s.
Obviously, the world of competition has, once again, made its contribution to Momo's technical know-how and image: how could we forget, in fact, Nelson Piquet's celebrated victory in the F1 World Championship aboard the 1983 Brabham? That car was, in fact, equipped with Momo-branded wheels, as is in 2014 the Porsche GT3 run by the Momo NGT team in the IMSA series in the United States.
This too, when all is said and done, is part of Momo's multi-faceted character.

Alcuni modelli di cerchi in lega degli anni Settanta e, nella pagina a fianco, Mario Andretti testimonial per la ruota Antares.

A number of alloy wheel models from the Seventies and, on the facing page, Mario Andretti promoting the Antares wheel.

Le ruote Vega, Aries, Extreme, Idea, Quasar, Ferrari Engineering, Arrow, Ferrari Engineering II, Tuner.

The Vega, Aries, Extreme, Idea, Quasar, Ferrari Engineering, Arrow, Ferrari Engineering II and Tuner wheels.

momo

momo

momo

momo CORSE

momo

momo

momo

momo
ITALY

GTR
momo
MOMOCORSE
momo
momo
momo CORSE
momo
momo
momo
momo
momo
momo

Nella pagina a fianco le ruote GTR, Momo Corse, FXL One, Ten-S, Next, Win Pro, Revenge, Hyperstar, M-50. In questa pagina, le ruote Quantum Forged, capostipite della linea di ruote forgiate lanciata nel 2014, e Quantum Evo, uno dei design di maggiore successo degli ultimi anni.

On the opposite page GTR, Momo Corse, FXL One, Ten-S, Next, Win Pro, Revenge, Hyperstar and M-50 wheels. In this page, the Quantum Forged wheels, the progenitor of the range of forged wheels launched in 2014, and the Quantum Evo, one of the most successful designs of recent years.

18°
B
B
C
C
D
D
momo
momo

Lo sviluppo di ogni nuovo design segue alcune fasi molto precise: il disegno su carta è la prima, seguita da una visualizzazione digitale bidimensionale. Si passa poi alla modellazione 3D estetica, sulla base della quale viene poi ingegnerizzato il prodotto finale.

The development of every new design passes through a number of very precise phases: the design on paper is the first, followed by a digital, two-dimensional visualisation. Then comes 3D aesthetic modelling on the basis of which the final product is engineered.

momo
brembo
GTP

MOMO-USA
1978-1998

Quel sogno americano: Moretti e l'IMSA

Il 1978 per Moretti è l'anno della svolta, che per lui si chiama America. A spiegare come e perché è il suo uomo-ponte per gli States, Peppino Zonca della Tamauto, mago di Trecate e preparatore della Porsche con cui "Momo", soprannome storico di Gianpiero nelle corse, nel 1977 ha sbancato il Gruppo 4 Tricolore: «Per una corsa di Campionato italiano a Pergusa si spendono 2 milioni di lire. Arrivi là, fai 15 minuti di prove e una garetta di 10 giri. Negli Usa, la serie IMSA ha un ambiente aperto, circuiti stupendi, uno sponsor forte, la Camel, un buon montepremi, prove libere il giovedì, ufficiali il venerdì, una garetta di qualifica il sabato e la corsa vera la domenica, di cento miglia, sulla distanza di un'ora».

L'inizio è alla 24 Ore di Daytona 1978, con una Porsche presa a nolo, ma il debutto vero avviene l'8 aprile a Road Atlanta, con una 935 turbo ex Schurti da 720 CV, che "Momo" acquista a 120 milioni di lire.

A Daytona, otto anni dopo l'apparizione con la Ferrari

That American Dream: Moretti and IMSA

1978 marked a turning point for Moretti as he answered America's call. Explaining the whys and wherefores is his man on the ground in the States, Peppino Zonca of Tamauto, the wizard from Trecate who prepared the Porsche with which "Momo", Gianpiero's historic racing pseudonym, won the Italian national Group 4 championship: «For an Italian championship race at Pergusa you spend 2 million Lire. You get there, have 15 minutes' practice and a 10-lap race. In the USA, in the IMSA series, you have a welcoming atmosphere, fantastic circuits, a strong sponsor, Camel, decent prize money, free practice on the Thursday, timed on the Friday, a qualifying sprint on the Saturday and the actual 100-mile race on the Sunday lasting an hour».

It all began at the Daytona 24 Hours with a rented Porsche, but the true debut came on the 8th of April at Road Atlanta, with an ex-Schurti 935 turbo producing 720 hp that "Momo" bought for 120 million Lire.

5 luglio 1980, Watkins Glen: le Porsche 935 di Bobby Rahal (n. 71) e Moretti, con l'amato n. 30; in basso, la 935 "Moby Dick", oggi appartenente ad un collezionista americano.

5 July 1980, Watkins Glen: the Porsche 935s of Bobby Rahal (no. 71) and Moretti, with his beloved no. 30; bottom, the 935 "Moby Dick", which today belongs to an American collector.

512 S, gli organizzatori gli chiedono se ha preferenze per un numero di gara, Moretti risponde no e loro gli assegnano di nuovo il 30. Lui lo prende come un segno del destino e da allora non lo abbandonerà più.
È una stagione ricca di soddisfazioni, con 12 corse all'attivo e il terzo posto finale nella Camel Gt Series. L'amore per gli Stati Uniti e l'IMSA è scoppiato e per lui non finirà più.
Il 1979 lo vede correre una tantum in Europa, a fine stagione, al Giro d'Italia con la mostruosa 935, che porterà alla vittoria con Giorgio Schön e Emilio Radaelli.
Dopo un 1979 negativo nell'IMSA, che lo vede solo 18esimo nella classifica finale, nel 1980, sempre su Porsche 935, arrivano le prime vittorie: la seconda manche di 50 miglia a Road Atlanta, il 21 settembre, e la Daytona 250, il 30 novembre, con Reinhold Jöest.
"Momo" fa le cose in grande per il 1981, acquistando una meravigliosa Porsche 935 "Moby Dick" da Jöest, sotto la direzione di Ian Dawson, e alternando copiloti di grido a *gentleman*: Jochen Mass e Al Holbert, piuttosto che Charles Mendez; a Mid-Ohio è secondo insieme a Rahal, a Portland coglie di nuovo la piazza d'onore guidando da solo, ma a fine anno, stufo del regola-

At Daytona, eight years after the appearance with the Ferrari 512 S, the organizers asked him if he had any race number preference. He said no and they assigned him the number 30 again; taking that as a sign of destiny, he was never to abandon it.
That was a highly satisfactory season, with 12 races disputed and an overall third place in the Camel GT Series. A love for the United States and IMSA had blossomed and it was one he would never let go.
1979 saw him racing on a one-off basis in Europe, in the Giro d'Italia at the end of the season with the monstrous 935 that he drove to victory with Giorgio Schön and Emilio Radaelli.
Following a bleak 1979 in IMSA, in which he finished 18th overall, in 1980, still driving a Porsche 935, he enjoyed his first victories: the second 50-mile leg at Road Atlanta on 21 September and the Daytona 250 on 30 November with Reinhold Jöest.
"Momo" did things in grand style in 1981, purchasing a wonderful Porsche 935 "Moby Dick" from Jöest, under the direction of Ian Dawson, and alternating professional and gentleman co-drivers: Jochen Mass and Al Holbert or Charles Mendez; at Mid-Ohio he was 2nd together with Rahal, at Portland he again finished 2nd driving solo

mento, “Momo” decide di tornare in Europa, anche se lui dice che il bilancio dell’avventura “Stars and Stripes” è positivo: «All’inizio in America avevo due meccanici, un van e otto ruote di riserva. Era una cosa da amatori, poi sono venuti i mal di testa. Io invece corro per divertirmi. Preferisco giungere secondo dopo una gara divertente, piuttosto che vincere senza aver provato gioia».

Fatto sta che nel Mondiale Marche 1982 per lui le soddisfazioni sono poche. La March 82G-Porsche si rivela un flop e la vecchia 935 “Moby Dick” è superata.

Il 1983 è l’anno del ritorno in America, con la March ma anche con la 935 “Moby Dick”, aiutato dal team manager Alistair McNeill e con lo sponsor sudafricano Kreepy Krauly, che porta i piloti Sarel van der Merwe e Desiré Wilson. Due incidenti seri, con Moretti a Lime Rock e la Wilson che si frattura una caviglia a Brainerd. Da salvare c’è il 2° posto a Pocono, in coppia con van der Merwe, sulla 935, con una 12esima posizione finale.

Il biennio 1984-1985 Moretti lo vive alla guida dell’Alba, prototipo realizzato in Italia dall’ingegner Giorgio Stirano, di cui “Momo”, insieme a McNeill, diviene importatore Usa. Il debutto dell’Alba ribattezzata Ford-Momo e dotata di un motore Ford-Coswort 3,5

but at the end of the year, fed up with the regulations, “Momo” decided to return to Europe, even though he said that the his “stars and stripes” experience had been positive: «At first in America I had two mechanics, a van and eight spare wheels. It was an amateur effort, then the headaches came. Instead I race to enjoy myself. I prefer finishing second after a fun race, rather than winning without joy».

The fact remains that there was little for him to celebrate in the 1982 World Championship for Marques. The March-82G-Porsche proved to be a flop and the old 935 “Moby Dick” was obsolete.

1983 saw a return to America, with the March, but also the 935 “Moby Dick”, assisted by the team manager Alistair McNeill and the South African sponsor Kreepy Krauly that brought the drivers Sarel van der Merwe and Desiré Wilson. There were two major accidents, one with Moretti at Lime Rock and the other with Wilson who broke an ankle at Brainerd. Of note was a 2nd place at Pocono, together with van der Merwe in the 935, and 12th place in the final standings.

In 1984 and 1985, Moretti drive the Alba, a prototype built in Italy by the engineer Giorgio Stirano, for whom “Momo”, together with McNeill, became the US importer. The debut of the Alba, rebaptised as the Ford-Momo and

Il 1978 fu la stagione in cui furono gettati i primi semi dello sbarco di Gianpiero Moretti nella serie americana IMSA, con la sua Porsche 935.

1978 was the season in which the first seeds of Gianpiero Moretti’s involvement in the American IMSA series were sown with his Porsche 935.

Per motivi di comodità, traspirazione e visibilità, Moretti ha sempre avuto una preferenza per il casco jet. A destra, l'immagine della 962 da lui portata in gara è stata poi utilizzata per una pubblicità della Momo.

For reasons of comfort, breathability and visibility, Moretti always preferred open-face helmets. Right, this photo of the 962 he raced was used in Momo advertising.

litri, avviene a Miami, con un 16° posto, dopo un bel 3° posto in prova. Negli eventi lunghi "Momo" corre con Fulvio Maria Ballabio (tre volte) e Dennis Aase (due) e il miglior piazzamento è un 4° posto a Lime Rock.
Nel 1985 la vettura torna alla denominazione di Ford-Alba. Alla 24 Ore di Daytona è 22esimo insieme a Jim Trueman e Massimo Sigala, ma, dopo cinque gare e diversi ritiri, Moretti vende l'Alba al Malibu Racing.
Il 1986 inizia sulla Porsche 962 di Jöest con una puntata a Lime Rock, al volante di una Alba-Ferrari Lights, per un totale di sei corse IMSA, ma senza acuti.
Nel 1987 corre solo quattro volte. Un ritiro alla 24 Ore di Daytona sulla Ford Probe-Zakspeed, quindi rieccolo a Portland, su una March-Buick in coppia con Whitney Ganz, noni alla fine. E qui parte un nuovo progetto. Moretti rileva due telai March dalla Bmw e usa un motore Buick turbo 3.6; il miglior risultato è un sesto posto a Sears Point.
Nel 1988 "Momo" è di scena sulla fida March-Buick in coppia con l'ex campione Can-Am Michael Roe, ma manca l'affidabilità e il miglior piazzamento è un 9° posto a Watkins Glen, salvo chiudere il programma dopo Sears Point, il 14 agosto. Dalla gara successiva, a San Antonio, "Momo" sfodera una Porsche 962 di preparazione Gebhardt e arriva un consolatorio 5° po-

powered by a 3.5-litre Ford-Cosworth engine, took place in Miami, with a 16th place after setting the 3rd fastest time in practice. For the longer races "Momo" was joined by Fulvio Maria Ballabio (three times) and Dennis Aase (twice), with the best placing being 4th at Lime Rock.
In 1985, the car was once again known as the Ford-Alba. The Daytona 24 Hours saw "Momo" finish 22nd togther with Jim Trueman and Massimo Sigala, but after five races and a number of retirements Moretti sold the Alba to Malibu Racing.
1986 began with Jöest's Porsche 962 (with a race at Lime Rock at the wheel of an Alba-Ferrari Lights), for a total of six IMSA races but no results of note.
In 1987, Moretti competed in just four races. A retirement in the Daytona 24 Hours with the Ford Probe-Zakspeed and then a 9th place aboard a March-Buick paired with Whitney Ganz. It was at this point that a new project got underway. Moretti bought two March chassis from BMW and used a Buick 3.6-litre turbocharged engine; the best result was a 6th place at Sears Point.
1988 saw "Momo" competing in his faithful March-Buick with the former Can-Am champion Michael Roe, but reliability issues and the best result being 9th place at Watkins Glen saw the programme drawn to a premature close after Sears Point on 14 August. From the next

sto nel Gte World Challenge, la corsa di fine stagione. Inizia così la collaborazione con i tuner tedeschi Fritz e Gunther Gebhardt.
Il 1989 parte con la 24 Ore di Daytona, la corsa più importante dell'anno, con Mauro Baldi e Massimo Sigala, ma l'equipaggio si ritira per incidente. Seguono altre 12 partecipazioni, in Gtp, la classe maggiore, con la fida 962-Gebhardt, con Gianpiero di nuovo infiammato dall'entusiasmo, che divide il cockpit a turno con Stanley Dickens, Michael Roe, Derek Bell e John Paul jr. Da ricordare un 3° posto a Road Atlanta con Dickens e l'11esima posizione nella graduatoria finale.
Il 1990 è un anno no, che inizia con un capottamento di Derek Bell alla 24 Ore di Daytona. Il miglior piazzamento dell'anno è a Watkins Glen, sesto.
Il 1991 lo vede attivo su tre fronti. Prima diviso tra il Gunnar Racing e il suo team, buon 5° a Road Atlanta con Bell. Infine, dal sesto round a Topeka, Moretti porta in pista la sua nuova creatura, la Momo C901, dotata di motore Audi turbo e realizzata dai fratelli Gebhardt. Il programma si rivela privo di successo. Il prototipo, nelle parole di Derek Bell, non è competitivo, anzi, in pista è orribile. «Fu un errore – riconosceva lo stesso Moretti –. Gebhardt insistette per andare avanti e ciò mi costò molti soldi, ma non c'era possibilità che

race, in San Antonio, "Momo" fielded a Porsche 962 prepared by Gebhardt and finished in a consolatory 5th place in the GTE World Challenge, the last race of the season. This marked the beginning of a working relationship with the German tuners Fritz and Gunther Gebhardt.
1989 started with the Daytona 24 Hours, the most important race of the year, with Mauro Baldi and Massimo Sigala, but the team retired after an accident. 12 races followed in GPT, the premier class, with the trusted 962-Gebhardt, with a newly enthusiastic Gianpiero sharing driving duties with Stanley Dickens, Michael Roe, Derek Bell and John Paul Jr. Results of note were a 3rd place at Road Atlanta with Dickens and 11th place overall in the championship.
1990 was another poor season, with Derek Bell flipping over in the Daytona 24 Hours. The best result of the year was 6th at Watkins Glen.
1991 saw Moretti active on three fronts. Firstly dividing his time between Gunnar Racing and his own team, with a good 5th place at Road Atlanta with Bell. Then, from the 6th round at Topeka, Moretti fielded his new creation, the Momo C901, powered by an Audi turbo and created by the Gebhardt brothers. The programme proved to be unsuccessful. According to Derek Bell, the prototype was uncompetitive and "horrible" on track. "It was an error",

La livrea rossa e gialla della Momo fin dal 1978 colpì gli americani. In alto a destra, Gianpiero in gara a Monterey nel 1981 (3 maggio); alla pagina a fianco, il pilota impegnato alla 24 Ore di Daytona sempre su Porsche 935 e la locandina della 6 Ore di Mosport 1980.

The red and yellow Momo livery captured American attention from 1978. Top right, Gianpiero racing at Monterey in 1981 (3 May); on the facing page, the driver competing in the Daytona 24 Hours, again in the Porsche 935 and the poster for the Mosport 6 Hours in 1980.

il pacchetto funzionasse». Dall'undicesima gara, la Momo-Gebhardt sparisce e torna la vecchia fida Porsche 962 per un finale dignitoso e niente più.

Nel 1992 Moretti passa sotto le insegne Jöest, restando fedele alla 962, con un bel 6° posto nella classifica finale, 11 gare disputate e un terzo posto alla 12 Ore di Sebring insieme a Oscar Larrauri e Bernd Schneider quale momento clou.

Un'altra grande svolta si verifica nel 1993, quando la Nissan affida a Momo la sua Npt90, seguita dal modello 91. Gianpiero entra in contatto con il team manager col quale coglierà i successi più belli, ossia Kevin Doran. Sfiora la vittoria alla 24 Ore di Daytona, ma il motore va kappaò a due ore dalla fine, poi è secondo a Sebring, con Bell e e Paul jr. A fine anno giunge terzo nella classifica piloti. L'era Gtp finisce qui.

recognised Moretti himself. "Gebhardt insisted on going ahead and it cost me a lot of money, but there was no chance of the package working." From the 11th race the Momo-Gebhardt was replaced by the tried-and-trusted Porsche 962 for a respectable finale but nothing more.

In 1992 Moretti went with Joest, remaining faithful to the 962 and finishing a fine 6th overall after 11 races, with 3rd place in the Sebring 12 Hours together with Oscar Larrauri and Bernd Schneider being the high point.

Another major upheaval came in 1993, when Nissan entrusted Momo with its NPT90, followed by the Model 91. Gianpiero also came into contact with the team manager with whom he was to enjoy most success, Kevin Doran. He just missed out on victory in the Daytona 24 Hours, the engine braking with just two hours to go, and then finished second at Sebring with Bell and Paul Jr. At the end of the year he was third in the drivers' championship. The GTP era finished here.

L'Alba, realizzata in Italia dall'ingegnere Giorgio Stirano, rappresentò un progetto nel quale Moretti credette molto, anche se ben presto il *gentleman driver* preferì tornare ai prototipi della categoria maggiore, in grado di farlo gareggiare per il successo assoluto.

The Alba, designed in Italy by the engineer Giorgio Stirano, represented a project of which Moretti held high hopes, even though the gentleman driver soon preferred to return to the prototypes of the higher category that allowed him to challenge for overall victory.

Tra i prototipi con ambizioni da vittoria guidati da Moretti nella sua lunghissima fase IMSA, spiccano la Porsche 962, a fianco, e la Nissan, sopra.

Among the prototypes with ambitions of victory that Moretti drove during his long IMSA career, of particular interest was the Porsche 962, alongside, and the Nissan, above.

Con la Ferrari di nuovo in America: Moretti e l'IMSA

Il 17 aprile 1994 sul tracciato di Road Atlanta Gianpiero Moretti tramuta in realtà un sogno che ne contiene un altro: l'America e la Ferrari 333 SP, nella rivoluzionata serie IMSA versione WSC.
Ventiquattro anni, quindi quasi un quarto di secolo dopo il suo debutto a Daytona con la 512 S nel 1970, a 54 primavere suonate, un nuovo prototipo Rosso l'attende.
Un "baby" dal corredo genetico fascinoso e complesso. Se il padre putativo è Piero Ferrari, figlio del Drake, il pediatra, l'ingegnere Gianpaolo Dallara e l'infermiere, il tester Mauro Baldi, il padre naturale della 333 SP, mister "Momo", al secolo Gianpiero Moretti.
Mostro a fondo piatto e cielo aperto, la 333 SP è una barchetta dotata di telaio monoscocca in fibra di carbonio e di un cuore V12 aspirato di 3997 cc, con cambio sequenziale a 5 rapporti. Sarà un successo. Ne verranno costruiti e venduti 44 esemplari destinati a privati, in gara per dieci anni, dal 1994 al 2003.

America again with Ferrari: Moretti and IMSA

On the 17th of April 1994, on the Road Atlanta circuit, Gianpiero Moretti transformed into reality a dream that contained another: America and the Ferrari 333 SP in the revolutionary WSC IMSA series. 24 years, almost a quarter of a century, after his debut at Daytona with the 512 S in 1970, at 54 years of age, a new Ferrari prototype awaited.
A "baby" with a fascinating and complex genetic background. While its putative father was Piero Ferrari, son of the Drake, the paediatrician was Gianpaolo Dallara and the nurse the test-driver Mauro Baldi, the true father of the 333 SP, was none other than Mister Momo, Gianpiero Moretti.
A flat-floored, open-topped monster, the 333 SP was a barchetta with a carbonfibre monocoque powered by a naturally aspirated, 3997 cc V12 and fitted with a sequential five-speed gearbox. It was to be a success. 44 examples were to be built and sold to privateers who raced them for ten years, from 1994 to 2003.

A sinistra, la copertina della brochure sull'attività sportiva di Moretti Racing con la 333 SP, datata 1994, anno del debutto della vettura e, sopra, un adesivo ufficiale che ben raffigura il legame tra Momo e Ferrari.

Left, the cover of the brochure on Moretti Racing's competition activity with the 333 SP from 1994, the year of the car's debut and, above, an official sticker neatly illustrating the ties between Momo and Ferrari.

Per "Momo" la 333 SP è la cristallizzazione in carbonio dell'ultimo hurrà. L'ultima voglia faustiana e raggiunta, che s'esprime con tre verbi all'infinito. Fermare il tempo. Sublimare una passione. Schizzare tra le ere con un missile rosso fluorescente venato di giallo e dotato di un numero "universitariamente" perfetto: trenta.

Il destino. Le storie belle stanno già scritte tutte da qualche parte. Basta solo avere coraggio di riscriverle con pazienza, come sotto dettatura. Trenta.

Saranno magicamente proprio trenta esatte le corse che "Momo" disputerà negli States dal 1994 al 1998, vincendone otto e guadagnandosi un posto speciale nella storia dell'automobilismo "Stars and Stripes".

Il perché lo spiega Mario Andretti: «A inizio anni Novanta, da noi, due cose sembravano impossibili: che la Ferrari tornasse con un suo prototipo e che Moretti si mettesse a vincere. Accaddero entrambe.

E io dovetti smettere di sfotterlo».

Moretti si muove su basi solide. L'équipe di Kevin Doran gli fornisce vetture perfette.

Accanto a lui corrono piloti al top, professionisti provenienti dalla F1, piuttosto che *gentleman* dal solido palmarès.

For "Momo", the 333 SP was a swansong in carbon-fibre. His last Faustian desires had been satisfied: to stop time, to sublimate a passion and to scorch through the eras with a fluorescent red rocket veined with yellow and blazoned with a perfect number: 30. Destiny. All great stories have already been written somewhere. All you need is the courage to patiently rewrite them as if taking dictation.

Thirty. Magically, precisely 30 races were to be disputed by "Momo" in the United States between 1994 and 1998, with eight victories and a special place in the history of America motorsport. Quite why is explained by Mario Andretti: «In the early Nineties two things seemed impossible here: that Ferrari would return with a prototype and that Moretti would start winning. Well, both things happened and I had to stop taunting him».

Moretti's latest project had solid foundations. Kevin Doran's team provided him with perfect cars. Competing alongside him he had top professionals with backgrounds in F1 rather than gentleman drivers with respectable records.

In total, Moretti was to own five examples of the 333 SP. The first was chassis n. 004 with which he debuted

In tutto Moretti sarà proprietario di cinque esemplari della 333 SP. Il primo è il telaio 004, che porta al debutto nel 1994 e due volte alla vittoria, a Lime Rock e Watkins Glen, col suo pilota di punta, il cileno ex-F1 Eliseo Salazar. A fine anno Salazar è 6° nella classifica piloti, Moretti 11°.

Nel 1995 arriva il telaio siglato 011 e il pilota *playmaker* è il sudafricano Wayne Taylor, che vince correndo in solitaria a Lime Rock e Texas World, buon quarto a fine anno, mentre "Momo" è 10°.

Il 1996 è una stagione speciale, disputata con il telaio 004 e tenendo di riserva lo 011: due traguardi da leggenda, solo sfiorati grazie alle prodezze di un giovane italiano proveniente dalla F1, "Mad Max" Papis, che porta l'equipaggio composto dai veterani Gianpiero Moretti, Bob Wollek e Didier Theys a uno stupendo secondo posto nella 24 Ore di Daytona, più un terzo alla 12 Ore di Sebring, tre trionfi a Road Atlanta, Lime Rock e Watkins Glen e uno secondo posto finale nel Campionato.

Il 1997 è anno interlocutorio, vissuto con due nuovi telai, lo 010 e lo 016 e un *plateau* di piloti freschi, tra i quali spiccano il banchiere brasiliano Antonio Hermann detto "Tonico" e un altro italiano ex-F1, Andrea Montermini. L'aspetto che incuriosisce è che per la

in 1994 and scored two victories, at Little Rock and Watkins Glen, with his lead driver the Chilean former F1 competitor Eliseo Salazar. At the end of the year Salazar was 6th in the drivers' Championship and Moretti 11th.

Chassis 011 arrived in 1995 and the new lead driver was the South African Wayne Taylor, who scored runaway victories at Lime Rock and Texas World and finished a fine 4th overall in the championship with Moretti 10th.

1996 was a special season, disputed with chassis 004 and keeping 011 in reserve: two legendary results were missed by a whisker thanks to the efforts of a young Italian arriving from F1, "Mad" Max Papis who took the team composed of the veterans Gianpiero Moretti, Bob Wollek and Didier Theys to a fantastic 2nd place in the Daytona 24 Hours, 3rd in the Sebring 12 Hours, three victories at Road Atlanta, Lime Rock and Watkins Glen and 2nd place overall in the championship standings.

1997 was a transitional year, disputed with two new chassis, 010 and 016, and a flock of fresh drivers among whom the Brazilian banker Antonio Hermann, known as "Tonico" and another Italian former F1 driver Andrea Montermini stood out. The most curious

Le Ferrari 333 SP preparate per anni dall'équipe di Kevin Doran: a sinistra quella nei colori Lista facenti capo al *gentleman driver* Fredy Lienhard e, a destra, quella di Gianpiero.

The Ferrari 333 SP prepared for years by Kevin Doran's team: left, the one in the Lista colours entered by the gentleman driver Fredy Lienhard and, right, that of Gianpiero.

Fin dal 1994 — pur saltando all'inizio le maratone di Daytona e Sebring — la 333 SP di Momo fa fuoco e fiamme, sopra, divenendo un punto di riferimento nel paddock, in alto a sinistra. Ecco al volante Max Papis, proveniente dalla F1.

From 1994 — albeit avoiding the Daytona and Sebring marathons — the blazing Momo 333 SP, above, became a point of reference in the paddock, top left. Here at the wheel is Max Papis who arrived from F1.

prima volta la squadra di Moretti schiera due vetture, dopo il tentativo abortito alla 24 Ore di Daytona 1996, quando il telaio 011 era rimasto nei box, visto che non si era materializzato lo sponsor per fare correre gli statunitensi Auberleen, Hubman e Morton.
Così, a partire dalla 2 Ore di Mosport, è possibile vedere in gara la 333 SP numero 30 (il telaio 016) di Hermann-Montermini, insieme alla numero 27 di Moretti-Theys, ossia il telaio 010.
"Momo", evento più unico che raro, corre quindi negli Usa con un numero diverso dal feticcio 30 e lo fa rendendo omaggio a una delle icone alfanumeriche più calde del mito Ferrari: quel 27 reso immortale da Gilles Villeneuve. E con la numero 30 di Montermini-Hermann arrivano anche due trionfi nelle gare corte di Sebring e Pikes Peak. A fine anno Hermann è quinto nella classifica finale IMSA, Montermini sesto e Moretti ventiquattresimo.
E siamo al 1998, l'anno finale.
Per motivi di lavoro, un pomeriggio parlo al telefono con Moretti e gli chiedo una cosa semplice: chi te lo fa fare a quasi sessant'anni di tuffarti a più di duecento all'ora nel banking di Daytona? Tace. Poi risponde: «È una domanda del cavolo. Mi piace farlo, ecco tutto. Ma non me lo chiedere più, perché mi

aspect is that for the first time Moretti's team ran two cars, after the aborted attempt at the Daytona 24 Hours in 1996, when chassis 011 remained in the pits given the sponsor that would have allowed the Americans Auberleen, Hubman and Morton to race never materialised.
The Mosport 2 Hours saw the 333 SP n. 30 (chassis 016) with Hermann and Montermini lining up with n. 27 of Moretti and Theys (chassis 010).
Remarkably, "Momo" thus raced in the USA with a number other than his beloved 30 and in doing so paid tribute to one of the most iconic numbers of the Ferrari legend: that 27 rendered immortal by Gilles Villeneuve. Montermini and Hermann in car number 30 instead scored two victories in the short races at Sebring and Pikes Peak. At the end of the season, Hermann was 5th in the final IMSA championship standings, Montermini 6th and Moretti 24th.
And so we reach 1998, the final year.
I was talking to Moretti over the phone one afternoon on business when I asked him a simple question: what is it that makes you dive into the banking at Daytona at almost 60 years of age? Silence. The he replied: «It's a stupid question. I like doing it and that's all. But don't ask me again, because I might think about

verrebbe da pensare la vera risposta di notte mentre sarò sul banking e non sarebbe divertente».
Il 1998 parte con due certezze. Per "Momo" sarà l'anno dell'addio. E per le corse endurance Usa è una stagione di scissione, perché la Scca ha appena dato vita a un Campionato rivale dell'IMSA, l'Usrrc, con la 24 Ore di Daytona gara regina. Moretti abbraccia la nuova serie e si riserva un'ultima puntata nell'amata IMSA solo per la 12 Ore di Sebring. Fin qui le premesse. Il resto non ha niente della cronaca: è leggenda.
Al termine della gara più bella ed emozionante della sua vita, Moretti si aggiudica la 24 Ore di Daytona, insieme a Mauro Baldi, Arie Luyendyk e Didier Theys. Subito dopo tocca alla 12 Ore di Sebring, col trionfo in equipaggio con Baldi e Theys. Quindi sbanca la 6 Ore del Watkins Glen, con gli stessi compagni. E già che c'è, "Momo" torna alla 1000 Km di Monza, quasi per salutare il luogo laddove per lui tanto, se non tutto, era iniziato.
E in ciascun saluto vero c'è sempre una tromba solista che si perde nel tramonto di una storia importante. Per Moretti questa storia vive un capitolo speciale alla 24 Ore di Le Mans, dove aveva debuttato nel 1970 con la Ferrari 512 S, insieme a Manfredini. Era tornato giusto venti anni dopo, nel 1990, dividendo

the real answer while I'm on the banking at night and that wouldn't be much fun».
1998 commenced with two certainties. For "Momo" it would be the year of his farewell. And for Endurance racing in the USA it would be a season of scission, because the SCCA had recently set up the USRRC as a rival championship to IMSA, with the Daytona 24 Hours as its Blue Ribbon event. Moretti embraced the new series and reserved a final round of his beloved IMSA in the Sebring 12 Hours. So much for the introduction. The rest has nothing to do with reporting: it is legend. At the end of the greatest and most thrilling race of his life, Moretti won the Daytona 24 Hours, together with Mauro Baldi, Arie Luyendyk and Didier Theys. Immediately afterwards came the Sebring 12 Hours, won with Baldi and Theys. Then came victory in the Watkins Glen 6 Hours with the same teammates. And while he was at it, "Momo" returned for the Monza 1000 Km, as if to salute the place where so much, if not everything, had begun.
And in every true salute there is always a trumpet solo that plays out at the end of an important story. For Moretti, this story had a special chapter at the Le Mans 24 Hours, where he had made his debut with the Ferrari 512 S, together with Manfredini. He had come

Il braccio tecnologico di Moretti negli Usa è rappresentato dall'équipe di Kevin Doran, esperto team manager che "Momo" aveva conosciuto e apprezzato a inizio anni Novanta, al momento del varo del programma Nissan.

Moretti's technological arm in the USA is represented by the team run by Kevin Doran, an expert team manager that "Momo" had met and whose talent he had recognised at the time of the Nissan programme launch.

Le 333 SP di Doran, oltre ai colori Momo, sfoggiano anche quelli Lista, l'azienda di Fredy Lienhard, il *gentleman driver* che con la Ferrari barchetta disputerà più gare di tutti, oltre cento, fra Usa e Europa.

Along with the Momo livery, Doran's 333 SPs also carried the colours of Lista, the company of Fredy Lienhard, the gentleman driver who was to dispute more races than anyone with the Ferrari barchetta: over one hundred in the USA and Europe.

l'abitacolo della sua Porsche 962C con Nick Adams e il pilota-preparatore Gunther Gebhardt, ritirandosi ancora una volta. La Ferrari 333 SP gli regala invece due grandi soddisfazioni finali, consentendogli di vedere il traguardo della classicissima dell'endurance per due volte consecutive, nel 1997 insieme a Papis e Theys, sesti assoluti, e quindi nel conclusivo 1998, correndo ancora con Theys, più Mauro Baldi, e ottenendo il quattordicesimo posto finale.
La sua vicenda di pilota finisce così, con un crescendo rossiniano che trascolora in un tramonto annunciato e voluto, nelle sue stesse parole: «Come spesso capita nella vita, a volte insegui per tanti anni dei risultati e questi si materializzano solo quando hai smesso di ritenerli alla tua portata. La mia carriera di pilota è sintetizzabile in questo. Chiudo senza rimpianti, perché sono vissuto facendo ciò che amavo».

back 20 years later, in 1990, sharing the cockpit of his Porsche 962C with Nick Adams and the driver-tuner Gunther Gebhardt, but again retired. The Ferrari 333 SP instead gave him two final moments of satisfaction, allowing him to see the finish of the great endurance classic two years in succession, in 1997 with Papis and Theys, 6th overall, and then in that final year of 1998 again with Theys plus Mauro Baldi, finishing 14th overall.
His career as a driver finished here, in a Rossinian crescendo that faded into a sunset that had been planned for and welcomed, in his own words: «As frequently happens in life, at times you chase results for years only to find that they come around just as you have begun to feel that they were out of your reach. My career as driver can be summarized in this concept. I'm finishing with no regrets because I have lived doing what I loved».

In alto, 24 Ore di Daytona 1995: il sudafricano Wayne Taylor, coéquipier di Moretti, posa accanto alla 333 SP Momo.
In basso, 26 ottobre 1997: Montermini impegnato nella corsa IMSA a Monterey. A destra, nella foto grande, il fido Luyendyk ai box a Daytona 1998, con la 333 SP dei futuri vincitori.

Top, the Daytona 24 Hours in 1995: the South African Wayne Taylor, teammate of Moretti, poses alongside the Momo 333 SP. Bottom, 26 October 1997: Montermini racing the IMSA series at Monterey. Right, in the large photo, the trusty Luyendyk in the pits at Daytona in 1998 with the 333 SP of the future victors.

ROLEX
momo
30
DORAN
Enterprises
DVA
WAVEPHORE
GIESSE
Hella
YOKOHAMA

30
DORAN
Enterprise
MAGNETI MARELLI
LiSTA
YOKOHAMA
momo
IMSA

HOME OF THE PEPSI 400
30
DORAN Enterprises
YOKOHAMA
MOKART
PROVIMI
GIESSE
WAVEPHORE
GIESSE
Hella

ROLEX 24
AT DAYTONA
JANUARY 31-FEBRUARY 1, 1998
momo
PRO RACING
USRRC
DAYTONA
INTERNATIONAL SPEEDWAY

ROLEX
1998 ROLEX 24 AT DAYTONA
CAN-AM
WINNER
DAYTONA INTERNATIONAL SPEEDWAY
"The World Center Of Racing"

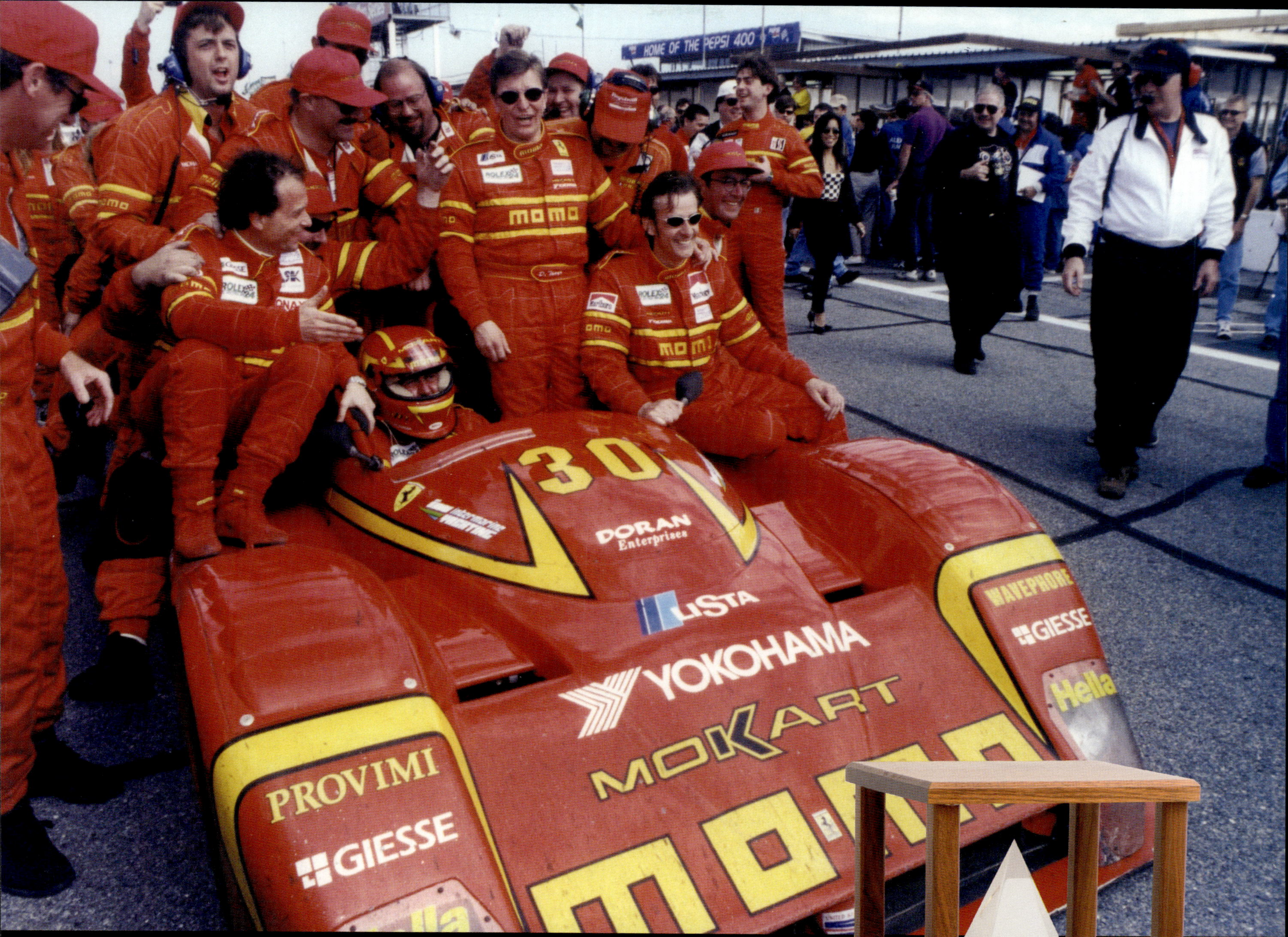

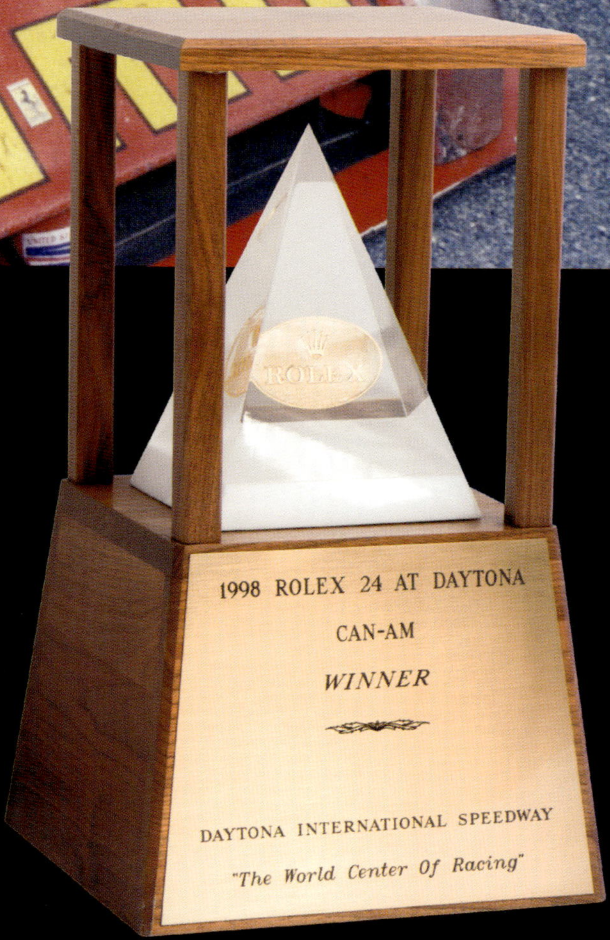

Sopra, Baldi, Moretti, al volante, Theys e Luyendyk sulla Ferrari vincente che ha appena tagliato il traguardo alla 24 Ore di Daytona 1998. A destra, un'immagine del manifesto ufficiale della gara e il trofeo ricevuto in premio dall'equipaggio Momo, oggi conservato a Milano.

Above, Baldi, Moretti at the wheel, Theys and Luyendyk on the winning Ferrari that has just crossed the finishing line in the Daytona 24 Hours in 1998. Right, a photo of the official race poster and the trophy received by the Momo team and today kept in Milan.

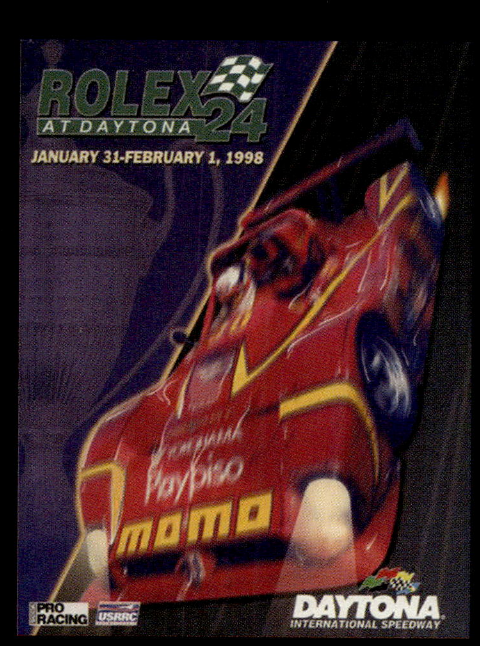

Didier Theys

«Per me, Momo è Gianpiero. Sono sempre stato un suo fan e lui mi ha sempre trattato con rispetto. Fin dal 1981, quando correvo in F3. Ricordo che dovevo gareggiare a Monza e non gradivo il modello di volante che mi avevano dato, così andai da lui che fu ben lieto di fornirmi in cambio un volante Momo e per di più gratuitamente. Qualche anno dopo, andai a correre negli Stati Uniti, iniziando con la F. Vee, nel 1986. Avevo in programma un test in Florida e per l'occasione mi recai a Sebring per assistere alla 12 Ore, dove Gianpiero stava schierando due vetture. Per puro caso, uno dei piloti aveva problemi fisici e Moretti mi chiese di sostituirlo. Da lì partì il nostro rapporto di collaborazione, che mi vide sempre più spesso dividere l'abitacolo con lui. Quindi a metà degli anni Novanta iniziò l'era della Ferrari 333 SP, con la quale avemmo così tanto successo. Dapprima ho conosciuto e apprezzato Gianpiero e poi la sua azienda, la Momo. Ci siamo tenuti in contatto con lui anche dopo il suo ritiro dalle corse. Mi piace ricordarlo come un italiano ricco di entusiasmo, passione e carisma. Un uomo che farà parte per sempre della storia e dei ricordi della mia carriera agonistica».

Didier Theys

«For me, Momo is Gianpiero. I've always been a fan of his and he's always been respectful to me.
When I ran in F3 in 1981 he gave me a steering wheel for my race car. I was racing at Monza. I didn't like the original steering wheel of the F3 and he had a shop in Monza. I went over to the shop to see what he sold and he knew I was an up-and-coming driver so he gave me a Momo steering wheel free of charge.
A few years later I came to the U.S. and was doing Super Vee racing in 1986. I was testing in Florida and went to Sebring to see the 12 Hour race. Gianpiero was running two cars in the race. One of his drivers was sick and he asked me to drive in the race. That started our co-driving relationship. Then in the mid-1990s came the Ferrari 333 SP era in which we enjoyed a lot of success.
I knew Gianpiero first, then knew of his company, Momo. And even when he retired we kept in contact and met up after he sold Momo and got out of racing.
For me Momo is about a charismatic, passionate Italian enthusiast. Momo is definitely a part of my racing life history».

Max Papis

«Quando penso a Momo e quando penso a Gianpiero, la prima cosa che mi viene in mente è il sigaro Toscano che Moretti amava tenere in bocca. L'immagine che mi evoca è quella del pit-stop conclusivo alla 24 Ore di Daytona 1996, a una manciata di minuti dalla fine della maratona della Florida, con lui che da un angolo dei box, masticando il Toscano, guarda me nell'abitacolo con l'espressione di uno che sta pensando: "Maledizione, credo proprio che finirai col distruggere la mia macchina". E poi il seguito, con lui che butta il sigaro a terra e lo schiaccia pensando... "Da quest'ultimo stint la 333 SP non tornerà mai sana". E invece andò bene: la 333 SP giunse seconda, sana, e il sigaro finì in pezzi...».

Max Papis

«When I think of MOMO and when I think of Gianpiero…the first thing that comes to mind is the Toscano cigar that Gianpiero Moretti always chewed. The image that I have is of me pitting at Daytona in '96 with 45 sec to go and looking at Gianpiero Moretti leaning down on an angle in the pit box looking at me straight through my visor chewing that Tuscano looking and kind of thinking… "man the guy is going to destroy my car" kind of feeling and me taking off after that with a clear picture in the corner of my eyes of Gianpiero Moretti throwing that Tuscano on the floor in a kind of last resort look saying 'all right my Ferrari 333 is never going to come back in one piece…"That's what I think of…" But instead things went well, the 333 SP finished second, but the cigar was a right-off…».

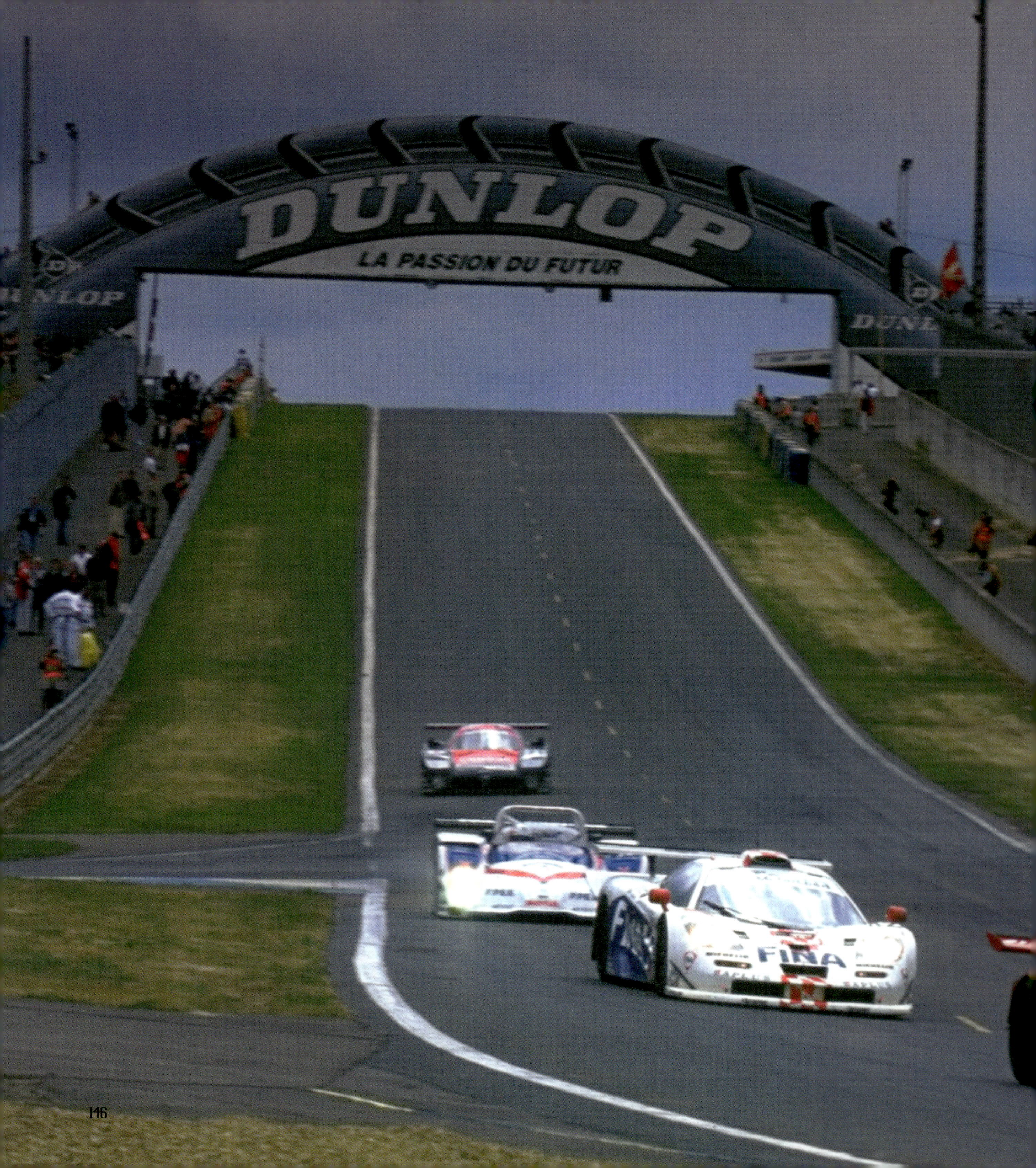
DUNLOP
LA PASSION DU FUTUR
FINA

Con la Ferrari 333 SP Moretti intraprende anche trasferte in Europa, con particolare attenzione per la 24 Ore di Le Mans. Nell'immagine grande di sfondo, ecco, il 14 giugno 1997, la vettura Momo sul classico circuito della Sarthe: al volante c'è Theys. Nelle altre foto, in senso orario, Moretti alla 1000 Km Monza 1998, sempre con la 333 SP, a Le Mans 1998, in mezzo a Baldi e Theys, e ancora con la 333 SP Momo a Le Mans.

Moretti also raced the 333 SP in Europe, paying particular attention to the Le Mans 24 Hours. In the large backdrop photo, 14 June 1997, the Momo car on the classic Sarthe circuit: at the wheel is Theys. In the other photos, clockwise, Moretti in the Monza 1000 Km in 1998, with the 333 SP, at Le Mans in 1998, between Baldi and Theys, and again with the Momo 333 SP at Le Mans.

Intervista a **Matteo Moretti**

È giorno di chiusura quando arriviamo alla pista coperta di kart che Matteo Moretti, uno dei due figli di Gianpiero, gestisce alle porte di Milano. L'ambiente è buio ma sia il tracciato sia i kart, fermi e coperti, si riescono ad intravedere. Lo aspettiamo qualche minuto seduti ad un tavolo e, quando arriva, impieghiamo davvero pochi istanti per entrare in sintonia.

Quando ti sei accorto di non avere un padre, fra virgolette, "normale"?

«Da subito, da bambino. Quando si è bambini e poi ragazzi spesso si ha un proprio idolo, il calciatore o il cantante di turno. Io non li ho mai avuti per il semplice fatto che c'era mio padre. Per me era uno di quelli che, di solito, leggi sui giornali, con la sola differenza che io ce l'avevo in casa. O meglio, e questo è il risvolto meno positivo della questione: un po' per l'attività legata a Momo un po' per quella di pilota, per di più al volante di vetture non proprio convenzionali, mio padre era molto spesso assente e quindi è capitato sovente e per un periodo non breve della mia vita che lo vivessi più attraverso i giornali che "dal vivo" anche perché, a quel tempo, non lo seguivo ancora sui campi di gara. Pensa che conservo ancora uno stralcio di giornale dove si dice che Moretti è impegnato in corsa a Monza mentre, da un altra parte, sta nascendo suo figlio, cioè io... come presenza paterna...non c'è male!
Ma tornando al fatto che lui per me fosse, per prima cosa, un mito, ti faccio un altro esempio che credo possa chiarire ancor meglio il concetto: quando mi capitava di andare con Gianpiero in Momo nella sede di Milano, vivevo quell'esperienza come se entrassi, che posso dirti, al Colosseo o comunque in qualcosa di grande, di enorme. Era un momento fantastico, eccezionale. Non ti dico poi quando, una o due volte l'anno, andavo con lui in fabbrica a Verona. Mi sembrava tutto enorme, immenso ed era una sensazione incredibile entrare nel suo impero, tanto più che mio padre a Verona, non andava spesso».

E quindi...?

«E quindi vedevo i dipendenti, gli operai, che lo salutavano con un rispetto, una reverenza particolare, sì, insomma, che si rivolgevano a lui come ad una persona che conta, come a qualcuno che ha fatto qualcosa di importante».

E questo era il volto imprenditoriale di tuo padre ma poi c'è sempre stato anche quello del pilota. Quando hai iniziato a seguirlo nelle corse e sui campi di gara?

«Ho iniziato tardi perché da piccolo non andavo mai con lui. La prima immagine nitida che conservo di mio padre pilota risale alla sua partecipazione al Giro d'Italia del 1979 che fra l'altro vinse al volante di una Porsche 935. Si tratta di un'istantanea piuttosto forte perché, mi pare fossimo a Imola, ad un certo punto papà rientra ai box con la vettura in fiamme. Io ero lì e mi spaventai molto (all'epoca dei fatti Matteo aveva 9 anni ndr) perché non avevo gli strumenti per capire cosa stesse accadendo anche se poi, nel giro di pochi istanti, hanno spento tutto e l'allarme è rientrato.
Più grande, quando andai a vivere un anno negli Stati Uniti, ebbi l'opportunità di seguirlo in quasi tutte le tappe del Campionato IMSA cui prese parte, prima con la Porsche 962 C poi, anni dopo, con la Ferrari 333 SP.
Grazie ai fotografi di alcune testate giornalistiche italiane sono riuscito in più di un'occasione ad intrufolarmi addirittura a bordo pista con "loschissimi" pass al collo. Ho scattato centinaia di fotografie ma, soprattutto, ho avuto l'opportunità unica di vivere quegli eventi da una posizione assolutamente privilegiata, ho potuto vivere e vedere quelle gare come nessuno spettatore avrebbe avuto occasione di fare.
Tornato in Italia, negli anni successivi, continuai comunque a seguirlo oltre oceano, sempre a Daytona ma anche su altre piste come Raod Atlanta, tanto per fare un esempio».

*Interview with **Matteo Moretti***

The covered kart track just outside Milan run by Matteo Moretti, one of Gianpiero's two sons is closed the day we arrive. The interior is dark, but both the track and the karts, parked and covered, can be made out. We wait for him for a few minutes sitting at a table and when he arrives all it takes are just a few moments for us to click.

When was it that you realised you didn't have an "ordinary" father?

«Straightaway, when I was small child. When you're a kid and then growing up, most of us have an idol, a footballer, the singer of the moment. I never had one for the simple fact that my idol was my father. For me he was one of those people you usually read about in the newspapers, just that I had him at home. Or rather, and this is the less positive side to the question: partly due to the demands of the Momo business and partly to his driving career, at the wheel of what were hardly conventional cars, my father was frequently away and it would often be the case that for by no means brief periods of my life I'd actually be closer to him through the newspapers than in "real life", because at that time I wasn't accompanying him to the race tracks. Just think that I still have a newspaper cutting in which it says that Moretti was racing at Monza while not far away his son, that's me, was being born... how's that for paternal presence!
But going back to the fact that for me he was first and foremost, a hero, I'll give you another example which I think should clarify the concept: whenever I had the opportunity to go with Gianpiero to Momo's Milan offices the experience was akin to, how can I say, entering the Colosseum or at least something huge, enormous. It was a fantastic moment, exceptional. To say nothing of when, once or twice a year, I would go with him to the factory in Verona. Everything seemed enormous, immense to me and it was an incredible sensation to enter his empire, all the more so as my father didn't go to Verona often».

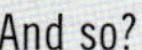

And so?

«And so I'd see the employees, the workers greeting him with particular respect, even reverence; in short, they treated him as somebody who counted, somebodywho had done something important».

So this was your father's business side, but then there was always the racing. When did you start accompanying him to the races and the tracks?

«I started late because I never went when I was little. The first clear image I have of my father as a driver dates back to his participation in the Giro d'Italia in 1979, which he actually won at the wheel of a Porsche 935. It's a pretty impressive snapshot because, I think it was at Imola, at a certain point Dad came into the pits with the car in flames. I was there and really scared [Matteo was nine years old at the time ed.] because I had no way of knowing what was actually going on but in fact within a few seconds they'd extinguished the flames and the emergency was over. When I was older I spent a year in the USA and had the chance to follow him around almost all the circuits of the IMSA championship in which he was involved, firstly with the Porsche 962 C and then, years later, with the Ferrari 333 SP.
Thanks to the photographers of certain Italian publications, on more than one occasion I managed to get track-side with a rather dodgy pass around my neck. I took hundreds of photos but, above all, I had the unique opportunity to experience those events from an absolutely privileged vantage point, I could experience and see those races better than nay normal spectator could hope to do. Once I was back in Italy, over the following years I continued to accompany him to the US events, Daytona always but also other circuits such as Road Atlanta for example».

La domanda a questo punto sorge spontanea: quindi nel 1998 eri a Daytona?

«Sì, c'ero e, ovviamente, è stato il massimo. Un'esperienza incredibile da vivere in diretta, quando sai che tuo padre sta per vincere e poi vince, una corsa tanto importante.
Ti sembrerà strano però, se ti dovessi dire la verità, la sensazione più forte a Daytona l'ho vissuta due anni prima o l'anno prima, non ricordo con precisione (in realtà Matteo si riferisce all'edizione del 1995 quando Gianpiero disputò la 24 Ore in coppia con Taylor, Salazar e Theys ndr), quando la Ferrari 333 SP di mio padre si spegneva in continuazione durante le soste ai box per il cambio pilota (in quella 24 Ore, non solo la 333 SP della Momo ma anche le vetture analoghe delle altre squadre palesarono enormi problemi in fase di ripartenza dai box, obbligando i meccanici a tenere il motore su di giri anche durante i cambi gomme e il rifornimento ndr).
Ecco, in quell'occasione, oltre che nei panni di spettatore, ho potuto vivere la corsa da protagonista arrivando addirittura a dare un mio consiglio su come si sarebbe potuto risolvere il problema. Mi ero infatti reso conto che il motore si spegneva nel momento del cambio pilota, quando nessuno, dall'abitacolo, poteva tenere fisicamente schiacciato l'acceleratore. A quel punto la vettura non ripartiva facendo perdere una marea di tempo. Pensai, un po' come si fa dal meccanico "normale" quando capita una cosa del genere, che si sarebbe potuta tenere accelerata direttamente dal motore, praticando un buco nella carrozzeria in modo da intervenire dall'esterno. Lo stratagemma ha funzionato per un po' permettendo all'auto di proseguire ancora per diverse ore anche se poi ci siamo dovuti arrendere. Ricordo la scena di quando l'auto arrivava ai box e tutti le si precipitavano attorno come si fa al pronto soccorso quando giunge una persona in una situazione difficile.
L'altro ricordo nitido che ho, sempre legato a Daytona, è relativo all'edizione del 1996, quando mio padre chiuse al secondo posto (in coppia con Theys, Wollek e Papis con i quali aveva anche fatto segnare il miglior tempo in prova in 1'41"224" ndr) grazie soprattutto alla spettacolare e indimenticabile rimonta compiuta nelle ultime quattro ore di gara da Max Papis. La nostra vettura, per buona parte della corsa, era stata afflitta da problemi agli scarichi e quando è iniziato l'ultimo turno di guida di Papis c'erano ben 5 giri da recuperare sulla Riley&Scott di Taylor, al comando. Ebbene, Max è riuscito a colmare tutto il gap, a sdoppiarsi e a rientrare nello stesso giro di Taylor.
Un'impresa eccezionale che gli è valsa il soprannome di "Mad Max". Se la gara fosse durata ancora una manciata di giri, ne sono certo, avrebbe potuto tagliare il traguardo al primo posto (al traguardo il distacco dai vincitori sarà infatti di appena 1'04" ndr)».

Scusa se ritorno alla Daytona del 1998. Ricordi che tuo padre, dopo la vittoria, abbia detto qualcosa in particolare?

«No, mi ricordo solo che, come era solito fare, durante l'intervista del dopo gara, ne ha detta una delle sue – mio padre non è mai stato uno da..."addetto stampa" ma piuttosto uno sempre abituato a dire ciò che pensava – salvo poi chiedere al giornalista che aveva di fronte...: "Ah, ma siamo in diretta?" e l'altro: "Sì, ci stanno guardando tutti gli Stati Uniti". Ma, a ripensarci oggi, il suo bello credo fosse anche questo».

Ho fatto questa domanda anche a Marco Cattaneo senza ottenere risposta. C'è una ragione particolare per la quale tuo padre ho corso spesso con il numero di gara 30?

«Guarda, anch'io non saprei con precisione cosa risponderti ma, proprio questa impossibilità mi porta a fare un'altra considerazione. Io, purtroppo, con mio padre ho vissuto la vita, giorno dopo giorno, passando attraverso le esperienze più diverse, senza però pormi tante domande, come forse sarebbe stato opportuno fare, ma anche e soprattutto senza porgli tante domande. Questo, oggi che non c'è più, un po' mi pesa. Avrei voluto e forse dovuto chiedere più cose e oggi probabilmente ne saprei di più. L'unica cosa che posso dirti in proposito è che quelle rare volte che giocava, spesso usava proprio il numero 30.
E comunque, tornando al nostro rapporto, posso dirti che ho "recuperato" mio padre solo più tardi quando, accorgendomi forse che stava sfuggendo, ho voluto passare più tempo con lui, ho voluto godermelo un po' e, devo dire, che con lui mi sono proprio divertito».

A proposito di numeri e di ricorrenze, ma lo dico a sensazione mia: non riesco a vedere tuo padre come una persona superstiziosa.

«Assolutamente no: non ci sono mai state scale sotto le quali non passare o gatti neri in mezzo alla strada per i quali valesse la pena tornare indietro o invertire il senso si marcia».

Parlando di tuo padre, in questi mesi, con diverse persone, mi sono fatto l'idea che fosse un uomo che viveva... al presente. In altre parole, sto facendo ora questo ed è importante che questa cosa

The next question comes naturally: where you there at Daytona in 1998?

*«Yes, I was there and, clearly, it was fantastic. An incredible experience to enjoy at first hand, when you know that your father is about to win and then wins an important race.
You might think it strange, but to tell the truth the most intense experience I had at Daytona was one or two years earlier, I don't remember [in reality, Matteo is referring to the 1995 edition when Gianpiero disputed together with Taylor, Salazar and Theys, ed.], when my father's Ferrari 333 SP continually cut out during pit stops for driver changes [in that 24 Hours it was not just the Momo 333 SP but also the other similar cars entered by others teams suffered enormous problems when trying to restart from the pits. The mechanics were obliged to keep the engine running and the revs high during tyre changes and refuelling. Ed.].
So, on that occasion, as well as watching as a spectator, I was actually able to experience the race as a protagonist and even give a suggestion as to how the problem might be resolved. I had in fact noticed that the engine cut out during the driver change when no one, from the cockpit, could keep the accelerator physically depressed. At that point the car would refuse to restart, wasting a lot of time. I thought, like an "ordinary" mechanic might when something like this happens, that the revs could be kept up directly from the engine, creating a hole in the bodywork so as to be able to access the throttle from the outside. The strategy worked for a while, allowing the car to keep going for a few more hours, even though we were eventually forced to retire. I remember the scene when the car arrived in the pits and everyone swarmed around it as if it was Code Red in a hospital emergency room.
The other sharp memory I have, again associated with Daytona, relates to the 1996 edition, when my father finished in 2nd place together with Theys, Wollek and Papis with whom he had also set the fastest qualifying time of 1.41.224 ed.] thanks above all to Max Papis's spectacular and unforgettable fight back in the last four hours of the race. For much of the race our car had been afflicted by a exhaust problems and when Papis's last stint began we were no less than five laps down on the leader Taylor in the Riley&Scott. Nonetheless, Max managed to bridge the gap, unlap himself and to at least finish on the same lap as Taylor.
It was an exceptional drive that earned him the nickname "Mad Max". Had the race lasted just a few more laps, I'm sure he could have won it [in the end the winner had a lead of just 1.04 Ed.]».*

Excuse me if I go back to Daytona 1998. Do you remember whether your father had anything in particular to say after the victory?

«No, I just remember that, as usual, during the post-race interview he came out with one of his classic gags – my father was never what you might call "press-savvy", but rather some one accustomed to speaking his mind – and then asked the journalist in front of him… "Ah, so are we on air?". And the journalist: "Yes, the whole of the United States is watching us". But looking back today, I think this was part of what was so great about him».

I asked Marco Cattaneo the next question without getting an answer. Was there any particular reason that your father often raced with the number 30?

*«Well, I can't really give you a definitive answer either, but this leads me to make another consideration. Unfortunately, I lived my day-to-day life with my father, enjoying the most diverse experiences, without however asking myself as many questions as perhaps I should have done, and above all without asking him many questions. This is something , now that he's gone, that weighs heavily. I would have liked to ask and perhaps I should have asked him more things so that today I might have known more. All I can tell you in this regard that on the rare occasions he would chose a lottery number, he would often go with 30.
However, going back to our relationship, I can tell you that it was only later that I "reclaimed" my father when I perhaps realised that he was slipping away; I decided to spend more time with him, I wanted to enjoy him a little and, I have to say, I had a really good time with him».*

With regard to numbers and anniversaries, I have to say it's my sensation that your father wasn't a superstitious man.

«Absolutely not: there were never ladders he couldn't walk beneath or black cats in the road that would have made him turn back».

Talking about your father with a number of people over the last few months, I've gained the idea that he was a man who lived... in the present. In other words, I'm doing this now and

riesca. Proprio oggi, nell'ufficio di Cattaneo, mi è parso di trovare una conferma in tal senso, quando ho visto lì il trofeo originale conquistato da Gianpiero al Fuji del 1970 (quando Moretti vinse la gara al volante di una Ferrari 512 S ndr) e ho pensato: se un uomo, un pilota, nel corso di una vita, arriva a disfarsi di uno dei trofei più importanti della sua carriera – Cattaneo mi dice che tuo padre gli lo ha venduto al pari di tanti altri oggetti – la prima considerazione che mi sorge spontanea e che Gianpiero non vivesse affatto guardano al passato, sì, insomma, che non vivesse di nostalgia.

«No, però direi piuttosto che soffriva di nostalgia, questo sì ed è un'altra cosa...Forse, proprio per questa ragione, faceva di tutto per staccarsi da quello che era legato al proprio passato, bello o brutto che fosse. Io nel mio ufficio conservo alcuni suoi trofei minori, cose stupide se vuoi, date dal club o dallo sponsor di turno. Lui ha eliminato tutto, ha fatto piazza pulita, casco di Daytona '98 compreso, vendendo anche tutte le vetture con le quali ha gareggiato. Quando ha smesso di correre si è disfatto di tutto.
Indicativa, in proposito, la reazione che aveva sempre quando veniva a trovarmi nel mio ufficio. Sulla parete alle mie spalle avevo tutta una serie di immagini che documentavano la sua carriera di pilota. Ogni volta in cui si sedeva davanti a me, dopo un po', esclamava: "Ma scusa, ti pare giusto che io debba star qui a guardare tutte queste cose che non ci sono più? Se vuoi vedere queste foto allora sarebbe più onesto che ti sedessi tu da questa parte, non ti pare!»."

Che idea ti sei fatto, negli anni, del Moretti pilota?

«Crescendo, ho capito che mio padre non era un pilota nel senso stretto del termine, non era né un missile, né quindi, probabilmente, un campione. Nel mondo delle corse di durata è però sempre stato il perno del team, il gestore, lo stratega, restando in sostanza un manager anche una volta indossata la tuta. Prova ne sia che quando si avvicinava una gara, lui sino a pochi giorni prima conduceva una vita del tutto normale in ufficio, in fabbrica o in giro per affari, poi, come se nulla fosse, prendeva un aereo, si presentava in pista, indossava la tuta e si gettava nella mischia. Poi, finita la corsa, risaliva sul primo volo disponibile per essere in ufficio puntuale, ad esempio, il lunedì mattina. Non è un caso che uno dei suoi uffici a Milano fosse provvisto di un bagno in piena regola, con tutti i confort del caso, al pari di un appartamento, e di un'immancabile cucina dove poter sempre mangiare almeno un piatto di pasta fatto al volo. Come dire...dalla tuta alla giacca.
Fra l'altro, per tenersi in forma, il massimo che gli ho visto fare era mezz'ora, non di più, di ginnastica tutte le mattine, quanto gli bastava per curare i pochi acciacchi alla schiena, dovuti alle corse, e per mantenere il tono fisico necessario.
Quando poi gli chiesi, una volta smesso di correre, se avesse voluto dirigere un proprio team con piloti scelti da lui, la risposta fu lapidaria, una di quelle sue: "Ma tu saresti contento di sapere che tua moglie va a letto con un altro? La macchina è mia e, se permetti, la guido io. Già è tanto, in una gara di durata, se la faccio utilizzare ad altri piloti ma, in tutta sincerità, di stare ai box a guardare gli altri che corrono, francamente, non me ne frega niente. Allora faccio prima a starmene a casa".
Fra l'altro, una volta appeso il casco al chiodo, ha progressivamente perso interesse per le auto, per la F1 in primis, così lontana e diversa da quella che aveva vissuto lui, ma anche per le auto di produzione. Diverso è stato per le moto che, seppur solo nei panni di spettatore, hanno progressivamente iniziato ad attirare il suo interesse».

C'erano piloti o personaggi dell'ambiente che erano, diciamo così, abitudinari di casa Moretti?

«Derek Bell è fra quelli che ricordo da bambino, sia in vacanza che a casa di mio padre al mare, ad Arenzano. Lo stesso dicasi per Max Papis o per Mauro Baldi o Didier Thyes, diciamo soprattutto quelli legati all'ultimo decennio agonistico con la Ferrari».

Ancora due parole sull'ultima esperienza con la Ferrari 333 SP. A volere più di tutti quell'incredibile avventura oltre oceano furono due uomini: Gianpiero Moretti e Piero Ferrari.

«Ti dirò di più. Nell'introduzione di un libro che parla di quella vicenda ho trovato un testo, a firma di Piero Ferrari, in cui lui stesso ricorda il momento in cui mio padre entrò nel suo ufficio chiedendogli con la determinazione e il piglio di sempre "Mi fai una vettura per correre in IMSA?". In questo, credo, risieda uno degli aspetti più significativi nella carriera sportiva di Moretti: un gentleman driver, ma in questo non sta nessuna particolarità, che non solo correva saltuariamente con le vetture Sport ma che è arrivato al punto di farsene realizzare una, diciamo così, su misura, dal più famoso costruttore di automobili da corsa al mondo. Poi, non pago, proprio al volante di queste vetture, riesce ad ottenere risultati eclatanti come, ad esempio, lo straordinario successo a Daytona. Ecco io credo che, di più, non potesse fare, e che, in questo senso, abbia davvero coronato in pieno il suo so-

it's important that whatever it is is successful. Just today, in Cattaneo's office, I felt that I'd found confirmation of this when I saw the original trophy won by Gianpiero at Fuji in 1970 [when Moretti won the race at the wheel of a Ferrari 512 S ed.] and I thought: if a man, a driver, over the course of his lifetime, manages to get rid of one of the most important trophies in his career – Cattaneo tells me that your father sold it to him like many other objects – the first thing that comes to mind is that Gianpiero was by no means one to look backwards, he wasn't one to live off nostalgia.

«No, but I would say that he suffered from nostalgia, which is a different matter... Perhaps for this reason he did everything he could to detach himself from what was associated with his past, good or bad as it may have been. In my office I keep some of the minor trophies, trinkets if you like, presented by the club or the sponsor of the moment. He got rid of them all, a clean sweep, Daytona '98 helmet included, even selling all the cars in which he raced. When he stopped racing he got rid of everything.
In this, his reaction whenever he came to see me in my office was emblematic. On the wall behind me I had a series of photos documenting his racing career. Every time he sat in front of me after a while he would exclaim: "Sorry, but do you think it's right I have to sit here and look at all those things that are long gone? If you want to see these photos it's you right that you should be sitting on this side, don't you think!"».

Over the years, what impression have you formed of Moretti the driver?

«Growing up, I realised that my father wasn't a driver in the strict sense of the term, he was no missile and therefore probably never one of the greats. In the world of endurance racing, however, he was always the hub of the team, the director, the strategist, in short he was always a manager even with his overalls on. The proof lies in the fact that as a race approached, through to a few days beforehand he would lead an ordinary life in the office, the factory or travelling on business and then he would simply catch a plane, turn up at the track, put his overalls on and get into the thick of things. At the end of the race he would catch the first available flight so as to be back in the office on time, for example on the Monday morning. It was no coincidence that one of his offices in Milan was equipped with a fully-fitted bathroom with all the comforts of an apartment and a kitchen of course where he could always cook and eat a quick plate of pasta. How would you say, from overalls to jacket and tie.
Moreover, in order to keep fit, the most I ever saw him do was half an hour, never more, of exercises every morning, just enough to loosen up the stiff back caused by racing and maintain the necessary level of physical fitness.
When I asked him, once he had stopped racing, if he would have liked to have run his own team with drivers chosen by him, his reply was typically unequivocal: "Would you be happy at the thought that your wife was going to bed with another man? The car's mine, so if you don't mind, I'll drive it. It's one thing in an endurance race to use other drivers, but in all sincerity, I couldn't care less about standing in the pits watching others race. I'd prefer to stay at home".
In truth, once he had hung up his helmet, he progressively lost interest in cars, especially the F1 series that was so different to how he had experienced it, but also production cars. It was different with the motorbikes that, albeit as a spectator only, progressively began to attract his attention».

Were there drivers or other figures from the racing world who were regular visitors to casa Moretti?

«Derek Bell was one of the first I remember as a child, both on holiday and at my father's house by the sea in Arenzano. This was also the case with Max Papis, Mauro Baldi and Didier Thyes, let's say above all those associated with the last racing decade with the Ferrari».

Tell me a little more about that last experience with the Ferrari 333 SP. There were principally two men behind that incredible adventure on the other side of the Atlantic: Gianpiero Moretti and Piero Ferrari.

«I'll tell you what, in the introduction to a book about that episode, I found a piece written by Piero Ferrari in which he recalled the moment my father entered his office and asked him with his usual determination and attitude "Will you build me a car to compete in IMSA?". Herein lies, I believe, one of the most important aspects of Moretti's racing career: he was a gentleman driver who occasionally competed in sports cars, not that there is anything unusual in this, but he also managed to have one built for him, let's say, made-to-measure, by the world's most famous constructor of racing cars. Then, not yet satisfied, at the wheel of this car he

gno, ottenendo tutto quello che voleva. Voglio dire, per un pilota professionista il sogno di un'intera carriera è sempre stato quello di correre per la Casa del Cavallino. Lui, non già da professionista ma, ripeto, da gentleman driver, non solo è riuscito a correre con Ferrari ma lo ha fatto addirittura su una vettura che lui stesso ha contribuito a creare. E comunque, è bene riconoscerlo, al di là della determinazione di mio padre, se non ci fosse stato l'appoggio di Piero Ferrari, forse il progetto Ferrari 333 SP sarebbe rimasto solo sulla carta o nella fantasia di Moretti».

Al di là del progetto 333 SP, tuo padre ha sempre avuto un rapporto privilegiato con gli Stati Uniti, sia in veste di pilota che di imprenditore. A tuo avviso, perché?

«Sul piano agonistico la ragione è sicuramente dovuta al fatto che le corse negli USA le ha sempre avvertite più genuine: in pista si è tutti giustamente avversari ma poi, una volta calata la bandiera a scacchi, si torna amici, ci si sente tutti, per così dire, sulla stessa barca. Guarda, ripensando ancora a Daytona 1998, quando la Ferrari guidata anche da mio padre si aggiudicò la corsa, a festeggiare sul muretto box non c'erano soltanto gli uomini del team Momo ma anche quelli di tutte le altre squadre che avevano perfettamente compreso l'importanza di quel momento. E poi il pubblico, con il suo calore, la sua passione, con i piloti sempre disponibili per un autografo e comunque assai più vicini al pubblico rispetto a quelli del vecchio continente. Ti dirò di più, riguardando a distanza di tanti anni una celebre foto che ritrae mio padre assieme a Paul Newman, mi sono accorto che, fra i due, la vera celebrità in quel momento è Moretti. Lo si vede dal fatto che è Newman ad appoggiare il braccio sulla spalla di mio padre quasi a voler dire: "Ora mi faccio una foto con il mio amico Gianpiero"».

Ancora a proposito del Moretti imprenditore: quelle poche volte che lo accompagnavi in azienda oppure ti trovavi a parlare con lui di aspetti legati alla Momo, percepivi qualche sua preferenza per alcuni prodotti in particolare?

«Aveva catturato il suo interesse la Momo Design. Credo che questo fosse dovuto al fatto che, dopo tanti anni, il prodotto classico Momo lo avesse in qualche modo appagato e lo spettro di possibilità offerte da un ramo della sua azienda che si occupava di design e che poteva passare dalla produzione di un orologio in carbonio a quella di un casco o di una barca così come di una semplice penna, attirava di più il suo interesse. Per carattere e temperamento, mio padre si è sempre stancato piuttosto in fretta delle cose, aveva bisogno di pensare sempre a nuove idee, nuove prospettive, nel lavoro, nelle corse e, direi, anche nella vita».

Il rapido riferimento alle barche fa nascere spontaneo un ricordo: i volanti Momo sono finiti anche sulle Ferrari del mare, le barche Riva. Ricordi qualcosa di quell'esperienza?

«Anche in questo caso, non aver a tempo debito chiesto a mio padre tutto quello che avrei voluto mi impedisce di rispondere come vorrei alla domanda. Posso solo dirti che Gianpiero ha sempre avuto la passione per le barche e che, quando ero piccolo, mi è certo capitato ben più spesso di accompagnarlo alla Riva che non alla Momo, dove lui era realmente di casa. Ripeto, non so dirti quali siano state le dinamiche che hanno poi consentito a mio padre di diventare fornitore, partner tecnico della Riva ma, di certo, quello che posso dire è che arrivare ad equipaggiare con un proprio prodotto tanto la Ferrari quanto la Riva, mi sembra davvero un risultato di assoluta eccellenza. E vorrei aggiungere una cosa: recentemente un amico mi ha raccontato che alcuni anni fa, partecipando a Monza ad un corso di guida, durante una lezione teorica, l'istruttore, mostrando l'impugnatura ergonomica di un volante, ha ricordato che questa soluzione la si doveva proprio al Sig. Moretti. Quando è tornato qui e me lo ha riferito mi ha anche detto: "Potremo guidare un'auto, una vettura da corsa, una barca, un aereo o un'astronave ma, se ci sarà un volante in pelle e avrà un'impugnatura particolare, tuo padre sarà sempre lì"».

A tuo avviso, dovessi tirare un bilancio, a patto che sia possibile, tuo padre come ha vissuto?

«Alla grande perché nel corso della sua vita penso abbia conseguito molti degli obiettivi che si era prefissato facendo spesso, mi verrebbe da dire sempre, quello che più gli piaceva, sempre con grande passione e determinazione. L'esatta misura di quanto fosse attaccato alla vita l'abbiamo avuta proprio il giorno del definitivo commiato. Fosse stato per lui, non avrebbe voluto far nulla, su questo era stato categorico, ma io dovevo tener conto che alcuni storici amici volevano a tutti i costi salutarlo. È stato un momento semplice, essenziale, con una foto che lo ritraeva in corsa, in IMSA, con la Ferrari, in tuta appoggiato ad un volante Ferrari e due vasi di fiori "riciclati" dalla funzione precedente. Abbiamo anche trovato il tempo di ridere come a lui sarebbe di certo piaciuto».

succeeds in achieving remarkable results such as, for example, the extraordinary victory at Daytona. I really think that more than that he couldn't have done and that, in this sense, he did achieve his dream in full, obtaining everything he wanted. I mean to say, for a professional driver the dream of an entire career might be that of racing for the Prancing Horse. My father, not as a professional but, I repeat, as a gentleman driver, not only managed to race with Ferrari but actually did so in car he helped create. And in any case, it should be remembered, apart from the determination of my father, if it hadn't been for the support of Piero Ferrari, the Ferrari 333 SP project might have remained on paper or in Moretti's imagination».

Above and beyond the 333 SP project, your father always had a privileged relationship with the United States, both as a driver and as a businessman. Why do you think that was?

«In terms of sport, the reason was undoubtedly due to the fact that he always felt that racing in the USA was more genuine: everyone is rightly an adversary on the track, but once the chequered flag has fallen they are friends again and everyone feels that they are, so to speak, on the same boat. Look, going back to Daytona 1998 again, when the Ferrari that was also driven by father took the race, it was not just the men from the Momo team celebrating on the pit wall, but also those of all the other teams who perfectly understood the importance of the moment. And then there was the public, with its warmth, its passion, with the drivers always willing to give an autograph and in any case far closer to the fans than those in Europe. What's more, looking back after many years at a celebrating photo showing my father together with Paul Newman, I noticed that between the two of them, the true celebrity in that moment was Moretti. You can see it in the way Newman is resting his arm on my father's shoulders as if to say: "right, now I'm going to get a photo with my friend Gianpiero"».

Talking about Moretti the businessman again: on the few occasions that you accompanied him to the factory or you found yourself talking to him about Momo, did you sense any preference for particular products?

«Momo Design certainly captured his attention. I believe that this was due to the fact that after many years the classic Momo product had in a sense satisfied him and the possibilities offered by a branch of his company dealing with design and which could shift from the production of a carbonfibre clock to a helmet, from a boat to a simple pen, were much more attractive to him. It was in my father's nature that he would be tire of things fairly quickly, he needed to be working on new ideas, new prospects, in his work, in terms of racing and, I would say, in life too».

That brief mention of boats reminded me that Momo steering wheels also ended up on the Ferraris of the seas, the motorboats made by Riva. Do you remember anything about that episode?

«In this case too, not having asked my father everything I would have like to prevents me from answering your question as fully as I would like. I can only tell you that Gianpiero always had a love of boats and that when I was little I certainly accompanied him more often to Riva than to Momo, where he really was at home. I repeat, I don't know how it came about that my father became a supplier, a technical partner of Riva but what I certainly can say is that managing to place one's products with both Ferrari and Riva was a remarkable achievement. And I would also like to add something: a friend recently told me that some years ago, while he was participating in a driving school at Monza during a theory lesson, the instructor showed the ergonomic grip of a steering wheel and mentioned that the feature came from Mr. Moretti himself. When he came back here and told me the story he also added: "We could be driving a car, a racing car, a boat, a plane or a spaceship, but if there is a leather-covered steering wheel with a special grip, your father will always be there"».

In your opinion, if you could take stock, how did your father live his life?

«To the full because during the course of his life I think he achieved many of the objectives that he had set himself while frequently, if not always, doing what he liked, and always with great passion and determination. The precise degree to which he was attached to his life we had on the day of the final farewell. If it had been up to him he wouldn't have done anything, but I had to take into account the fact that a number of very old friends wanted to pay their respects at all costs. It was a simple, modest, moment with a photo that portrayed him in racing overalls resting on a Ferrari steering wheel and two vases of flowers 'recycled' from the preceding ceremony. We found the time to laugh about it which he certainly would have liked».

Indy e Nascar

Quando all'alba del 1978 Gianpiero Moretti, ormai sazio del modo di correre all'europea e all'italiana, decide di intraprendere l'avventura a "Stelle e Strisce" nella serie IMSA, solo nelle sue più rosee aspettative può immaginare il futuro che a breve lo aspetta.

I risultati, fin dall'inizio, saranno buoni, con la Porsche 935, anche se i colpacci più clamorosi nelle classicissime arriveranno solo dopo venti anni di tentativi, finalmente al volante della Ferrari giusta, la 333 SP.

No, a fine anni Settanta i dividendi immediati dell'avventura americana non si cristallizzano sui traguardi in pista, ma si esplicano soprattutto in due versanti per lui importantissimi e armoniosamente collegati: quello umano e quello commerciale.

Da *gentleman driver* italiano trapiantato nel paddock della più importante serie internazionale per prototipi e Gt, seconda solo al Mondiale Marche, oltre a divertirsi e divenire un punto di riferimento simpatico e

Indy and Nascar

Early in 1978, having had his fill of European- and Italian-style racing, Gianpiero Moretti decided to undertake a "Stars and Stripes" adventure in the IMSA series but only in his wildest dreams could he have imagined the future that awaited him.

From the outset, with the Porsche 935, results were good, although he was to wait 20 years for the greatest coups in the classics, finally at the wheel of the right Ferrari, the 333 SP.

In the late Seventies, the immediate dividends of the American adventure took the form not of results on the track, but above all in two fields highly important to him and harmoniously linked: human relations and commerce.

As an Italian gentleman driver, transplanted to the paddocks of the most important international series for prototypes and GT cars, second only to the World Championship, for Marques as well as having fun and

scanzonato ma anche signorile, "Momo" ottiene molto, molto di più.
Intreccia amicizie, si fa un nome, tesse rapporti importanti che lo condurranno ad avere corsie preferenziali fondamentali per assicurare ai prodotti della sua azienda uno sbocco anche in un mercato che ha potenzialità immense di espansione.
Il 1979 è l'anno in cui Paul Newman frequenta di più il paddock dell'IMSA, anche in preparazione del suo debutto alla 24 Ore di Le Mans. L'incontro e l'amicizia con Momo hanno il carattere della simultaneità, dando origine ad un rapporto saldo e duraturo. Così come lo è quello con Mario Andretti, italo-americano e icona dell'automobilismo Usa nel mondo. Nessuno dei tre sa che nel 1982 si ritroveranno uniti in una nuova potentissima squadra, il team Newman-Haas, la neonata compagine più solida e mediatica della IndyCar, che, ancora sotto l'egida della Cart, si avvia a diventare una serie internazionale per monoposto, seconda solo alla F1. E proprio in Formula Indy il marchio Momo sfonda, dando volanti e cerchi a Mario Andretti in primis, il quale, passati i quarant'anni, è tornato a correre negli Stati Uniti.
Così come in contemporanea nel calcio di quegli anni

becoming a simpatico, laid-back but also distinguished point of reference, "Momo" obtained much, much more. He sealed friendships, made a name for himself and established important relationships that were to enable him to enjoy preferential treatment for his products on a market with immense potential for expansion.
1979 was the year in which Paul Newman frequented most assiduously the IMSA paddocks, partly in preparation for his debut in the Le Mans 24 Hours. His meeting and friendship with Momo occurred virtually simultaneously, giving rise to a solid and enduring relationship. As was the one with Italo-American Mario Andretti, an icon of US motor racing around the world. None of the three knew that in 1982 they would find themselves together in a new and extremely powerful team, Newman-Haas, the strongest and most-media friendly outfit in IndyCar, which, still under the aegis of CART, was about to become an international single-seater series second only to F1. It was in Formula Indy that the Momo brand broke through in the United States, supplying steering and road wheels to Mario Andretti who, at over 40 years of age, had returned to the US to continue racing.
Just as in the world of football the president of the Ascoli club at that time, Costantino Rozzi, was able to exploit

il presidente dell'Ascoli Costantino Rozzi trae occasione dalla sua militanza sportiva per ottenere ulteriori chance imprenditoriali, grazie all'impegno agonistico la stessa realtà si propone a Gianpiero Moretti negli Stati Uniti: la passione del fondatore diventa un volano in grado di trasmettere impulsi vivificanti e nuovi orizzonti all'azienda.
Non solo: la crescita della serie Cart-Formula Indy, con la 500 Miglia di Indianapolis quale evento principale, è tale da farla diventare un palcoscenico di copertura mediatica mondiale, quindi non solo mercato ma anche vetrina privilegiata per i prodotti Momo, di pari passo con quello che sta succedendo alla F1.
Il resto è espansione, consolidamento e sviluppo. Non solo in Indycar, laddove anche il team Ganassi con Juan-Pablo Montoya nel 2000 è fedele alla Momo, tanto per fare un altro esempio prestigioso, fino a toccare nomi di altri mostri sacri plurivincitori a Indy quali Arie Luyendyk e Helio Castroneves.
E ovviamente l'allargamento ulteriore del raggio d'azione Momo non può non tenere conto, alla fine degli anni Novanta, della crescita esponenziale dell'interesse e della popolarità della serie Nascar, le cosiddette stock car che, all'inizio del terzo millennio, hanno ormai surclassato nettamente in termini di solidità

his sporting activities to enhance his business potential, so Gianpiero Moretti was able to use his own competition experience in the United States: the founder's passion became a source of new positive inputs and new horizons for the company.
Moreover, the growth of the Cart-Formula Indy series with the Indianapolis 500 as its flagship event was such as to make the focus of global media attention and therefore not just a market but also a privileged shop window for Momo products, in parallel with the situation in F1.
The rest was a matter of expansion, consolidation and development. Not only in Indycar, where the Ganassi team with Juan-Pablo Montoya in 2000 was also faithful to Momo, to mention just another prestigious example, along with other multiple Indy winners such as Arie Luyendyk and Helio Castroneves.
Naturally, the further expansion of Momo's range of action could hardly fail to take into account in the late Nineties, the exponential growth in popularity of the Nascar series, the so-called stock cars that at the dawn of the third millennium, had a clear advantage over IndyCar in terms of financial solidity and audience, becoming the United States' prime automotive championship.
The time was ripe for Momo to move into Nascar too, deciding moreover to support an Italian driver, Max Papis,

A partire dall'inizio degli anni Ottanta avviene lo sbarco della Momo negli USA e si fa rilevante la fornitura di volanti nella serie CART, con testimonial quali il campionissimo Mario Andretti e il poleman della 500 Miglia di Indianapolis 1983, l'italianissimo Teo Fabi.

Momo launched in the USA in the early 1980s and began to supply a significant number of steering wheels to the CART series, with testimonials such as the great champion Mario Andretti and the 1983 Indy 500 poleman, the all-Italian Teo Fabi.

Sopra, 25 giugno 2000, Montoya in gara a Portland con i colori del team di Chip Ganassi, ovviamente con un volante Momo. A sinistra, un'altra immagine di Mario Andretti.

Above, 25 June 2000, Montoya racing at Portland in the colours of Chip Ganassi's team, and a Momo steering wheel of course. Left, another shot of Mario Andretti.

finanziaria e audience la IndyCar, tanto da diventare il Campionato automobilistico numero uno degli States. È il momento buono per la Momo per lanciarsi anche nella Nascar, tra l'altro supportando anche un pilota italiano, Max Papis, già compagno di battaglia di Gianpiero Moretti a Daytona con la Ferrari 333 SP e fedele ai colori giallo rossi del marchio già negli anni Novanta quando militava nella IndyCar.
Ma i nomi d'eccezione che hanno dato fiducia alla Momo nelle corse americane negli anni non si fermano qui, comprendendo anche gente come Danica Patrick, la donna che nella storia è andata più vicina a vincere la Indy 500 e poi apprezzata contender nella Nascar, e Joe Logano, nuovo virgulto che della Nascar Sprint Series è una delle realtà più fresche e promettenti.
I decenni passano, le corse americane cambiano e nel nome di ciò che iniziò Gianpiero Moretti, la Momo resta, in armonioso equilibrio tra sviluppo e tradizione.

a teammate of Gianpiero Moretti at Daytona with the Ferrari 333 SP, and remaining faithful to the marque's yellow and red IndyCar livery.
The exceptional names that opted for Momo in American racing over the years also included drivers such as Danica Patrick, the woman who in the history of the race has come closest to winning the Indy 500 and then became a real contender in Nascar, and Joe Logano, a new face in the Nascar Sprint Series and one of the freshest and most promising competitors.
The decades pass, the American races change and the name of what Gianpiero Moretti began, Momo remains, in a harmonious balance of development and tradition.

Fra gli uomini Momo nella Cart, Max Papis, sotto al centro, qui ritratto a Miami nel 1998, quindi la dinastia Andretti: sopra Mario e, sotto, il figlio Michael, nella foto grande in gara a Milwaukee 2001. Nella pagina a fianco, in basso a sinistra, Roberto Moreno col sottocasco "griffato" Momo.

Among the Momo men in the Cart series was Max Papis, below, centre, portrayed here at Miami in 1998, then the Andretti dynasty: above, Mario and, below, his son Michael, in the large photo at Milwaukee in 2001. On the facing page, bottom left, Roberto Moreno with the Momo-branded balaclava.

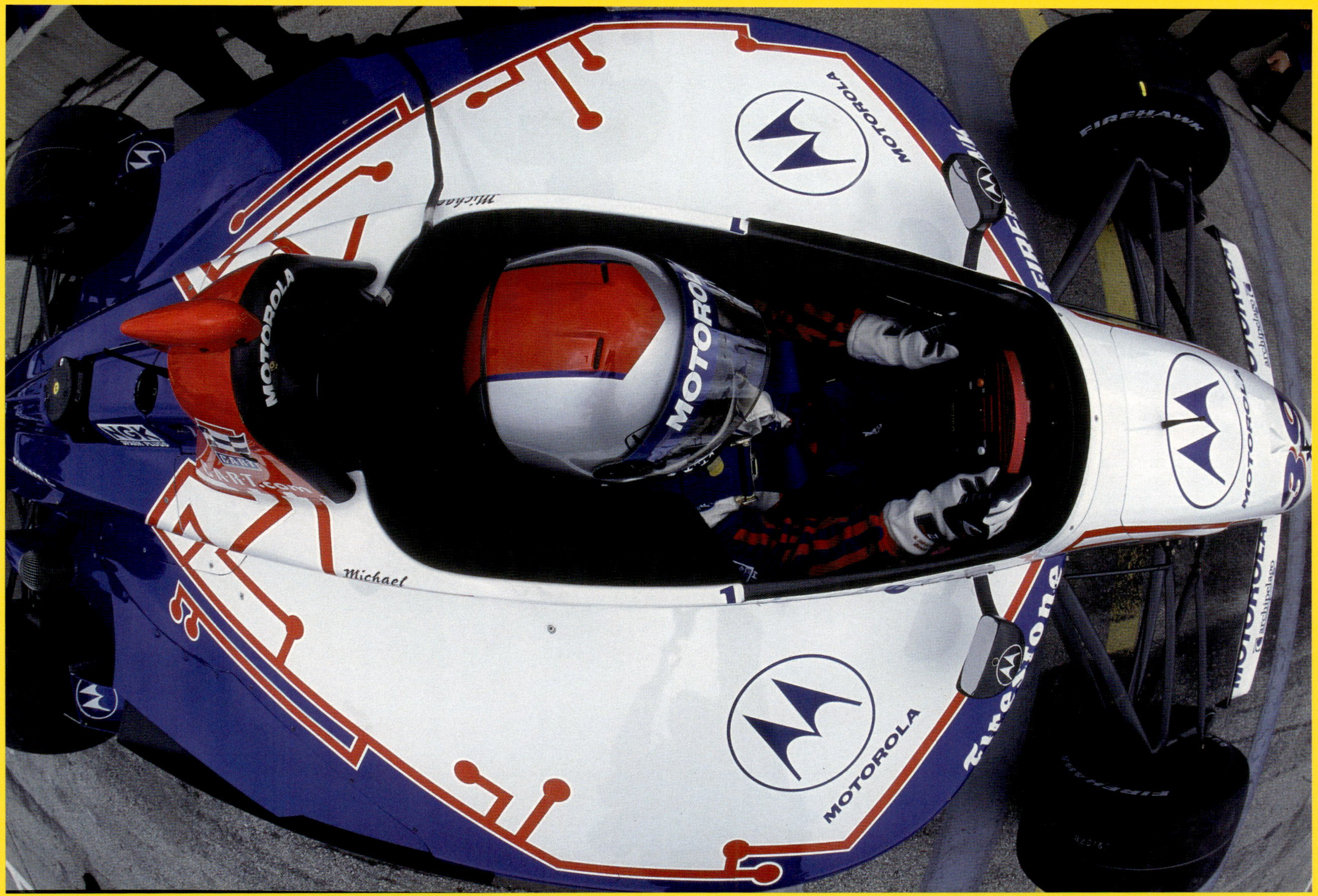
MOTOROLA
MOTOROLA
MOTOROLA
Firestone
FIREHAWK
Michael

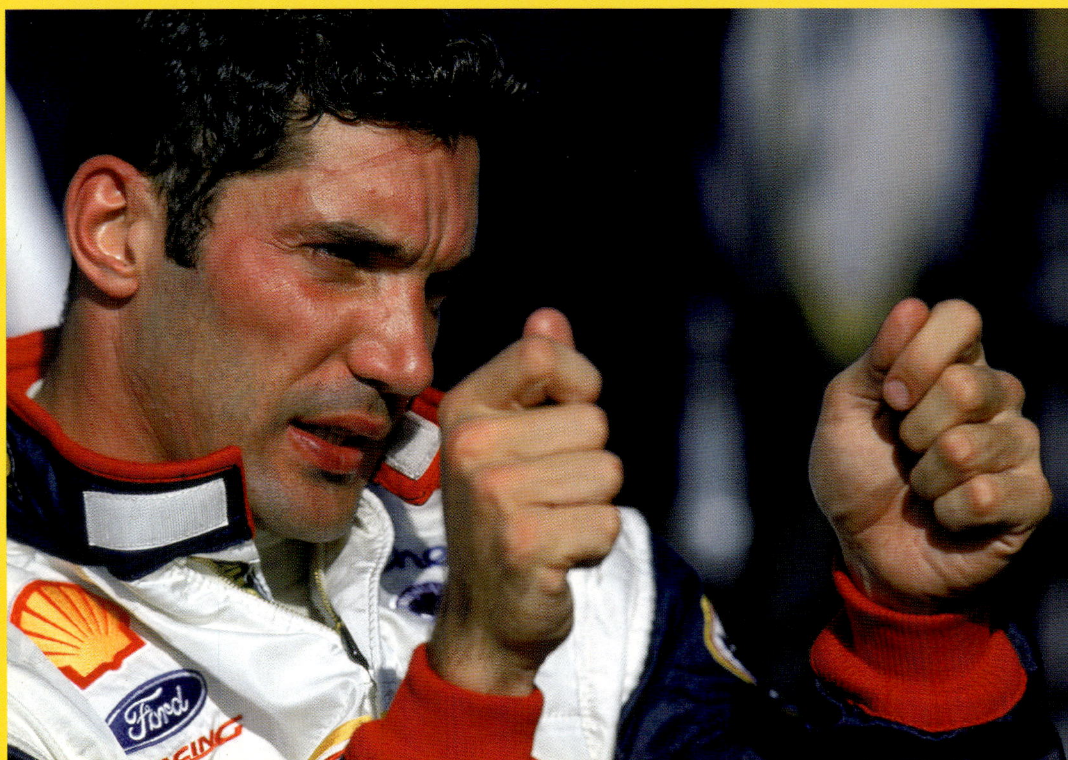

Ford

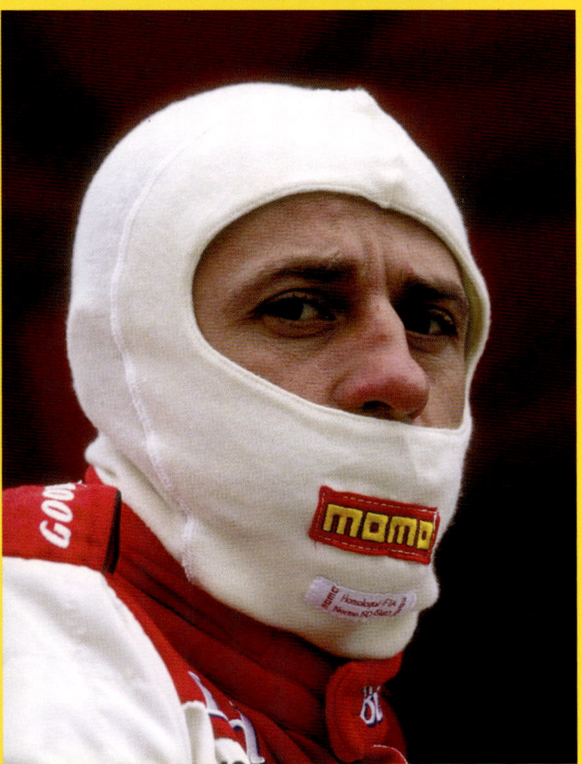

momo

Bobby Rahal

«Conobbi Gianpiero nel 1980, quando iniziai a partecipare alle gare IMSA dopo aver gareggiato in Europa. Ovviamente lui, essendo italiano, era pieno di vita e entusiasmo sia per le corse che per il cibo! Ma sono certo che Momo umanamente valesse molto di più... In ogni caso, durante i weekend delle gare IMSA, nel suo retrobox, trovavi il posto giusto per mangiare alla grande e vivere momenti di assoluta spensieratezza. Più avanti, nel 1981, Gianpiero mi ingaggiò per guidare la Porsche 935 Jöest "Moby Dick", una gran macchina, stupendamente preparata, con uno standard altissimo di qualità tecnologica e, anche se non avremmo potuto essere vincenti, ottenemmo diversi piazzamenti decorosi. Solo il fatto di correre con Gianpiero per me era elettrizzante e gli sarò per sempre grato d'avermi dato questa opportunità. Naturalmente avevamo la sponsorizzazione della rivista per soli uomini Penthouse, che ad ogni gara portava una sua ragazza. Ecco, questo nel paddock rendeva il team Momo ancor più popolare e amato da tutti i race fans!».

Bobby Rahal

«I first met Gianpiero in 1980 when I entered IMSA races after my return from racing in Europe. Of course Gianpiero, being Italian, was full of life and enthusiasm for all things food and racing! I'm sure there was more to him that that, but at the race weekends the Momo trailer was the place for great food and camaraderie. Later, in 1981, Gianpiero hired me to co-drive with him in the Joest "Moby Dick" Porsche 935. It was a great car, always prepared to the highest standard, and while we did not win, we did have a number of good placings. Just being with Gianpiero was a thrill for me and I am forever indebted to him for giving me the opportuity. Of course we were also sponsored by Penthouse magazine at the time, and generally had alPenthouse Pet at each race. This made Gianpiero and the Momo trailer even more popular with fans and competitors alike!».

Mario Andretti
«Per me il nome Momo significa il massimo in fatto di accessoristica da competizione ad alte prestazioni, un po' come avere dotazioni di alta moda all'interno di una macchina da corsa! Inoltre, quando penso a Momo, mi torna in mente il suo fondatore, Gianpiero Moretti. Un mio grande amico, un tipo piacevole e un vero gentleman. Anche se non è più con noi, sono felice che il suo spirito e la sua filosofia continuino a vivere nel marchio di cui s'è reso artefice».

Mario Andretti
«To me the Momo name means the ultimate in sleek, elegant, high performance car accessories. Like high fashion for your car! Even more, when I think of MOMO I think of its founder Gianpiero Moretti. He was a good friend of mine, a very popular and likeable guy and a true gentleman. Even though he is no longer with us, I'm happy his spirit lives on in the brand he built».

momo
Havoline
Havoline
Coca-Cola
JOIN
BOSS

Piloti vincenti e rappresentativi dell'avventura più recente della Momo negli Usa: a destra, nella foto grande, Danica Patrick, in gara a Daytona nel 2013. Nella pagina a fronte, a sinistra, Cristiano Da Matta stringe la coppa Vanderbilt a Miami nel 2002 e sotto, lo stesso Da Matta, con casco in testa in abitacolo; a destra, Joe Logano, top driver in Nascar. In basso, Christian Fittipaldi nella Cart a Toronto 2002 e, in chiusura, Hélio Castroneves.

Successful drivers representative of Momo's most recent adventure in the USA: right, in the large photo, Danica Patrick, racing at Daytona in 2013. On the facing page, left, Cristiano Da Matta holding the Vanderbilt Cup in Miami in 2002 and, below, Da Matta again, helmeted and in the cockpit; right, Joe Logano, a top Nascar driver. Bottom, Christian Fittipaldi in CART at Toronto, 2002 and, lastly, Hélio Castroneves.

Momo e l'IMSA oggi

Nel 2011, quando un gruppo di amici impegnati in America nell'IMSA Porsche GT3 Cup Challenge, colse l'opportunità di acquisire la Momo, i tempi erano maturi per rinverdire il rapporto d'amore infinito che lega il Marchio al mondo delle corse statunitensi.
Nel 2010 Ludovico Manfredi, Carlos Kauffman, Eduardo, Andres e Henrique Cisneros erano compagni di squadra nel team NGT Motorsport con base a Miami, e correvano con vetture Porsche nell'IMSA GT3 Cup Challenge, con la soddisfazione di vedere a fine stagione Henrique aggiudicarsi la Gold Class in Campionato.
Nel 2011, quando i compagni d'avventura – frattanto diventati anche bussiness partner –, assunsero il pieno controllo della Momo, Henrique e il team NGT si aggiudicarono un altro titolo, stavolta nella Platinum Class dell'IMSA GT3 Cup Challenge. E, ciò che più conta, la nuova proprietà si stava impegnando in prima persona per rilanciare il marchio Momo in Nord America, correndo con team e vetture di livello, esattamente come aveva

Momo and IMSA today

When a group of friends, racing in the IMSA Porsche GT3 Cup Challenge in the US in 2011, saw the opportunity to acquire MOMO, the scene was set to renew the unique love affair between MOMO and the world of North American racing.
In 2010, Ludovico Manfredi, Carlos Kauffman, Eduardo, Andres and Henrique Cisneros, were team-mates with the Miami-based Porsche team NGT Motorsport, competing in the IMSA GT3 Cup Challenge. Indeed, at the end of that year, Henrique won the championship in Gold class.
In 2011, when the friends and now business partners acquired full control of MOMO, Henrique and NGT won another title, this time in the Platinum class of the IMSA GT3 Cup Challenge. More importantly, the new ownership of MOMO was committed to relaunch in earnest the direct presence of the MOMO brand in North America, racing with dedi-

fatto Gianpiero Moretti negli anni Ottanta e Novanta. A inizio 2012, la NGT Motorsport iscrisse la sua Porsche 997 GT3 Cup numero 26, nella stupenda livrea Momo, alla 24 Ore di Daytona. La vettura fu affidata a Henrique, Carlos e all'astro nascente Sean Edwards, mentre il quarto membro dell'equipaggio fu Nick Tandy.
Solo pochi mesi dopo, Momo e NGT Motorsport erano iscritti a un'altra grande classica Endurance Usa, la 12 Ore di Sebring, con Henrique, Carlos e Sean al volante della Porsche GT3 Cup numero 30 nella classe GTC. Come noto, il 30 era il numero simbolo di Moretti e anche il contrassegno ideale per vedere la Momo di nuovo in azione, tanto da vincere la sua classe alla Petit Le Mans, a Road Atlanta.
Il 2012 è stato anche caratterizzato da un altro titolo nell'IMSA GT3 Cup Challenge, questa volta con Angel Benitez Jr. nella Gold Class, che ha corso per un altro team partner della Momo, ossia Ansa Motorsports.
Nel 2013, Momo, NGT Motorsport e Henrique hanno preso parte a tutta la stagione IMSA in classe GTC, con una Porsche 997 GT3 puntualmente contrassegnata dal numero 30, rimanendo sino alla fine in lizza per la vittoria, con una striscia di successi comprendente Long Beach e Laguna Seca e presenze sul podio a Sebring, Road America, COTA and VIR. Sean e Henrique hanno

cated teams, just like Gianpiero Moretti did in the 80s and 90s.
In early 2012, NGT Motorsport entered its Porsche 997 GT3 Cup car #26, in full chromed Momo livery, in the Rolex 24 Hours of Daytona. The car was driven by Henrique, Carlos, and rising stars Sean Edwards and Nick Tandy. Only a few months later, Momo and NGT Motorsport entered the other North American endurance classic, the 12 Hours of Sebring, with Henrique, Carlos and Sean at the wheel of the #30 Porsche GT3 Cup car in the GTC class. This was the old number of Moretti and Momo was now truly back in business, winning in class the season finale of Petit Le Mans at Road Atlanta.
2012 also saw another title in the IMSA GT3 Cup Challenge, this time with Angel Benitez Jr. in the Gold class, with another Momo partner team, Ansa Motorsports.
In 2013, Momo, NGT Motorsport and Henrique participated in the full IMSA championship in the GTC class, with the #30 Porsche 997 GT3, and they were contenders for the lead during the whole season, with a string of wins at Long Beach and Laguna Seca and multiple podiums at Sebring, Road America, COTA

corso insieme per gran parte dell'annata, e a loro si sono aggiunti di volta in volta in veste di terzo uomo diversi piloti, quali Kuba Gemarziak, Nick Tandy, Patrick Pilet, Nicolas Armindo e Marco Siefried.
Purtroppo il finale della stagione 2013 è stato rattristato dalla scomparsa di Sean Edwards in Australia, solo pochi giorni prima la Petit Le Mans a Road Atlanta. In segno di lutto, la NGT ha immediatamente deciso di dare forfait, anche se i compagni Henrique e Kuba hanno comunque percorso un giro d'onore, appena prima la partenza della corsa, in memoria dello sfortunato e compianto Sean.
Il 2013 ha visto anche la nascita della *partnership* tra Momo e il team di recente formazione Megatron, l'unica équipe statunitense a prendere parte al Campionato Porsche Supercup.
Il Momo-Megatron team nella Porsche 991 GT3 Cup ha partecipato all'intero Campionato con Alex Zampedri, mentre Sean Edwards, col Project 1 Team, ha vinto a Monaco divenendo protagonista e contender, in quella che purtroppo si sarebbe rivelata la sua ultima stagione di corse.
Nel 2014, NGT e Ansa, in *partnership* con Momo, hanno corso di nuovo insieme in varie classi nei Campionati Nord-Americani: la NGT nella nuova categoria IMSA GTD, con una fiammante Porsche 991 GT3 Cup guidata da Henrique, Kuba e Christina Nielsen, e Ansa nell'IMSA GT3 Cup

and VIR. Sean and Henrique raced together for most of the season, and were joined from time to time by other hot shoes such as Kuba Gemarziak, Nick Tandy, Patrick Pilet, Nicolas Armindo and Marco Siefried.
The end of the 2013 season was marred by the tragic death of Sean Edwards in Australia, only a few days before the Petit Le Mans endurance race at Road Atlanta. NGT retired the car from the event, but Henrique and Kuba were able to do one last slow lap of the course, just before the start of the race, in memory and honour of the greatly missed Sean.
2013 also saw the birth of a partnership between Momo and the newly formed Megatron team, the only US-based team participating in the prestigious Porsche Supercup championship. The Momo-Megatron brand new Porsche 991 GT3 Cup cars raced in the whole championship with Alex Zampedri, while Sean Edwards, with the Project 1 Team, won at Monaco and was firmly in the lead of the Porsche Supercup point-tally just before his death. He would most likely have been crowned the 2013 Supercup champion...
In 2014, NGT and Ansa have been involved again, in partnership with Momo, in multiple North American championships and classes: NGT in the newly formed

La Porsche 997 GT3 Cup del team Momo NGT in azione a Daytona, Sebring, Road Atlanta e Laguna Seca.

Porsche 997 GT3 Cup of the team Momo NGT Motorsport in action at Daytona, Sebring, Road Atlanta and Laguna Seca.

Challenge Gold Class con Patrick Otto Madsen, anche lui in veste di assoluto protagonista e Ludovico Manfredi nella classe IMSA Lites prototype. Con il team Ansa Motorsports Otto Madsen ha poi vinto il titolo Piloti e Team nella classe Gold della IMSA GT3 Cup Challenge.

Nello stesso tempo, il marchio è tornato a sfrecciare anche nei teatri di gara europei (con una prova prevista comunque a COTA, in Texas), con Momo-Megatron, in gara per il secondo anno consecutivo nella Porsche Supercup, con i veterani Tomas Biagi e Jaap van Lagen.

Il DNA della Momo rappresenta un che di unico nel mondo delle corse ed è più vivo che mai.

Sin dai primi giorni dell'impegno del fondatore Gianpiero Moretti, i proprietari e i dirigenti della Momo stessa si sono puntualmente dimostrati piloti appassionati e in grado di ottenere successi, portando con orgoglio e amore per le corse la bandiera Momo sui più importanti tracciati d'America e gareggiando ai più alti livelli della categoria Endurance. Al punto che, guardandolo in prospettiva, l'avvenire delle attività agonistiche Momo negli Usa appare luminoso quanto ricco di sfide.

IMSA GTD class, with the new Porsche 991 GT3 Cup, driven by Henrique, Kuba and Christina Nielsen, and Ansa in the IMSA GT3 Cup Challenge Gold class with Patrick Otto Madsen, winner of the 2014 title in the Gold class and Ludovico Manfredi in the IMSA Lites prototype class.

Back in Europe, but with the season finale at COTA in Texas, Momo-Megatron competed for the second year in the Porsche Supercup, with veterans Tomas Biagi and Jaap van Lagen.

Momo's racing DNA is truly unique and still very much alive. Ever since the early days of Gianpiero Moretti, Momo's owners and principals have also always been true dedicated racers, carrying with pride and passion the Momo flag across North America's greatest race tracks, competing at the highest levels of endurance racing. For now, the future of Momo's racing activities in North America look bright.

SRT
GoPro
momo
30
ATLANTICO
RUM
YOKOHAMA
JGTMOTORSPORT.COM

Ancora IMSA per la Porsche 997 GT3 Cup di Henrique Cisneros a Baltimore, VIR e COTA, e la n. 4 IMSA Lite di Ludovico Manfredi, in gara con Momo ANSA Motorsports a Laguna Seca nel 2013.

More IMSA action from the Porsche 997 GT3 Cup of Henrique Cisneros at Baltimore, VIR and COTA, and the #4 IMSA Lite of Ludovico Manfredi, racing with Momo ANSA Motorsports at Laguna Seca in 2013.

In memoria di Sean Edwards e Konstantin Kotitsas.

In memory of Sean Edwards and Konstantin Kotitsas.

Sean Edwards

«Sono sempre stato un gran fan di Momo sin da quando ero ragazzo. Si tratta di un nome così popolare e importante nel mondo delle corse, al punto che ho accolto con piacere il suo ritorno nell'ambiente, nel corso degli ultimi anni. Mi ricordo di aver visto i colori Momo correre in America quando ero ancora un bambino e, da allora, i colori iconici giallo-rossi del brand mi sono rimasti piacevolmente impressi. Fare parte del nuovo team Momo per me è stato un grande piacere, aggiunto al fatto che abbiamo dimostrato quanto ancora vincente possa essere nel presente e anche, in proiezione, nel futuro. E questo è solo un nuovo inizio. Vedo grandi cose nell'avvenire del marchio. Sono certo che Gianpiero Moretti sta guardando tutto da lassù e sorridendo, godendo del fatto che tutto ciò che ha fatto nascere e realizzato vive nelle mani di chi ha raccolto da lui il testimone».

08 giugno 2013

Sean Edwards

«I have always been a big fan of Momo since I was a kid. It's such a historical name within the Motorsport industry I was so happy to see its revival in the last few years. I remember watching them racing in America when I was really young and seeing that iconic red and yellow branding has stayed with me ever since. To be a part of the new MOMO racing team has been great fun and we have already proved how successful we can be. But this is just the start, I can see a lot of success in the future of the brand too. I am sure Moretti is watching down on us and smiling, seeing his legacy live on like this».

June, 8th 2013

Ciao Sean,
forever with us.

@Sean dwardsR
BRDC
WWW.SEANEDWARDS.EU
BRDC
PCCL
ERP Consultancy
celtic
SPEED
RIP Allan
I will never forget you
momo
TRÓN

Mobil 1
MOMO
ADVANCED DRIVER COOLING
30
ATLAN
YOKOHAMA
NGTM SPORT.COM

Le Momo girls ieri e oggi. In alto, con Henrique Cisneros e Sean Edwards. Sotto, con Carlos Kauffmann.

The Momo girls yesterday and today. Top, with Henrique Cisneros and Sean Edwards. Bottom, with Carlos Kauffmann.

Le gare nei campionati europei

European championships, races

Se è vero che, nel 2012, il ritorno del primo Team Momo ufficiale dai tempi di Moretti è avvenuto nel Campionato americano IMSA, è anche vero che pure il continente europeo ha visto Momo tornare alle corse con i propri colori in alcune tra le più prestigiose gare internazionali, tra le quali la 24 Ore di Le Mans. In Europa, a partire dalla stagione 2013, il team ufficiale di punta Momo Megatron schiera in pista le proprie Porsche 991, prendendo parte al Campionato Porsche Supercup. Nel Campionato ELMS e nel corso dello stesso anno, inoltre, il team Momo Megatron ha corso con un' Audi R8, mentre nel 2014 il team Momo Megatron Race Performance ha schierato una Oreca 03 Judd, ottenendo un secondo posto già alla prima gara, la 4 Ore di Silverstone. Ma non ci sono solo i team ufficiali: Momo, infatti, da sempre equipaggia anche altri piloti e team. E, a questo proposito, è impossibile non citare la grande stagione di gare disputata dal compianto Sean Edwards (allora con il Team Project 1) nel Campionato Porsche Supercup 2013 e la stagione 2014, ricca di successi, di Kuba Giermaziak, con il Verva Lechner Racing Team.

While it is true that the return in 2012 of the first official Team Momo since the Moretti era took place in the American IMSA championship, its is equally true that the European continent has recently seen Momo make a direct return to racing in its own colours in some of the most prestigious international races, including the Le Mans 24 Hours. In Europe, from the 2013 season, the Momo Megatron works team has been racing its own Porsche 991s in the Porsche Supercup series. In the ELMS championship of that year the Momo Megatron team was also present with an aggressive Audi R8, while in 2014 the Momo Megatron Race Performance team has been racing an Oreca 03 Judd, obtaining a second place finish in the very first race, the Silverstone 4 Hours. The works outfits are not the only teams, however: Momo has always supplied other teams and drivers. Mention has to be made of the fantastic season disputed by the late Sean Edwards (then with Team Project 1) in the 2013 Porsche Supercup Championship and the successful 2014 season enjoyed by Kuba Giermaziak with the Verva Lechner Racing Team.

Il team Europeo Momo Megatron, che partecipa dal 2013 alla Porsche Supercup e alla European Le Mans Series (in quest'ultima, sotto l'insegna Momo Megatron Race Performance nel 2014).

The European Momo Megatron team, which in 2013 participated in the Porsche Supercup and the European Le Mans Series (in this last, as Momo Megatron Race Performance in 2014).

momo
Megatron
MICHELIN
Mobil 1
HYDROGEN
forgia
termo
22
B. Barker
15
21
adidas

In questa pagina dall'alto e in senso orario: l'abitacolo della Oreca 03 Judd del team Momo Megatron Race Performance, Kuba Giermaziak (Verva Lechner Racing Team), la vettura del team Momo Megatron Race Performance schierata per gli scatti dei fotografi con tutta la scuderia e in azione in pista. Nella pagina a fianco, in alto, una delle vetture Supercup 2013 del team Momo Megatron; in basso, le vetture dello stesso team schierate nel Campionato Supercup 2014.

On this page, from the top, clockwise: the cockpit of the Oreca 03 Judd raced by Momo Megatron Race Performance, Kuba Giermaziak (Verva Lechner Racing Team), the Momo Megatron Race Performance car posed for the photographers with the entire team and in action on the track. On the other page, top, one of the Momo Megatron team's 2013 Supercup cars; bottom, the cars from the same team in the 2014 Supercup championship.

J. Habets
24
momo
Mobil 1
Megatron
TECO FRIGOTECH
Collé RENTAL & SALES
MICHELIN
LOCTITE
M. Marasca
T. Biagi
E. Fulgenzi
FASSA BORTOLO
CAME
T. Biagi
ROOKIE
E. Fulgenzi
22
PORSCHE
GT3 Cup
CONAD
M. Marasca
21

Intervista a **Massimo Ciocca**

Un grande edificio bianco, un citofono e un numero civico, il 75, accolgono all'esterno il visitatore. Bisogna però suonare e varcare la soglia se si vuole capire esattamente dove ci si trova. Appena entrati, a sinistra, appare, enorme, un'inconfondibile scritta Momo in metallo satinato, quelle quattro lettere stilizzate che tutti gli appassionati di automobili e di corse, negli anni, hanno imparato a riconoscere e ad apprezzare vedendole riportate su volanti, cerchi, sedili, tute, guanti così come sulla carrozzeria delle tante vetture guidate in corsa, spesso con successo, dal fondatore Gianpiero Moretti.
A parlarci, non solo di lui, e a fare gli onori di casa, è Massimo Ciocca, CEO del Gruppo Momo, in azienda dall'ormai lontano 1989 e oggi...

Quando hai conosciuto Gianpiero e come è iniziata la tua avventura in Momo?

«Semplice, poco dopo aver terminato gli studi, nel 1989. All'epoca conoscevo una persona che già lavorava in Momo, dalla quale ero venuto a sapere che stavano cercando una figura da inserire in organico; nello specifico, che seguisse il mercato export europeo. Ho quindi fatto tutti i colloqui del caso e sono entrato a far parte della squadra. Ricordo perfettamente la data: 16 novembre 1989. Fai conto che Moretti l'ho conosciuto dopo qualche giorno. Entra nel mio ufficio, che all'epoca condividevo con un altro collega, e la prima impressione fu quella di trovarmi davanti una persona molto diretta ma sempre simpatica e cordiale. Con me lo è sempre stato: tutte le volte che passava dalla mia scrivania, dopo l'immancabile "Eh, dottore, come va!?" – sempre in tono ironico mi ha sempre chiamato "dottore" – non perdeva occasione per raccontare una barzelletta o per scherzare su qualcosa. Poi, certo, negli anni, il rapporto si è consolidato, sempre tenendo ben fermo il fatto che fra noi vi fosse comunque una sensibile differenza di età. Un elemento che ci ha portati ad avere forte rispetto reciproco, al punto che non abbiamo mai smesso di darci del lei.
Guarda, ora che mi viene in mente, ci sono altri due aspetti che davvero non posso dimenticare di Moretti: l'odore del suo "toscano" che teneva sempre in bocca anche in ufficio, tanto che lo...sentivi ancor prima di vederlo, e il suo affezionato cane, un bellissimo Golden Retriever, se non ricordo male, anche questo divenuto negli anni assidua presenza in Momo».

Che "datore di lavoro" era Moretti?

«Si è sempre interessato alle mie mansioni, non perdendo occasione per informarsi su come stessero procedendo le cose ma, devo dire, non era sua abitudine farlo in modo invasivo. In altre parole, chiedeva, ovvio, ma nello stesso tempo, delegava molto, fidandosi dei propri collaboratori. Questo era un atteggiamento che in azienda aveva con tutti e, con tutti, si dimostrava sempre molto aperto: nel suo ufficio potevi sempre entrare».

Alla luce di quanto dici, lo definiresti un imprenditore nel senso pieno del termine?

«Moretti era piuttosto l'uomo delle idee, quello che ha l'intuizione, la scintilla, e che poi, una volta messa sul tavolo, la lascia sviluppare ad altri. Ripeto, si fidava dei suoi collaboratori e lo faceva a buon titolo visto che, oltre a noi giovani, in azienda c'erano figure già a suo fianco da molti anni. Su tutti penso a Marco Cattaneo, l'allora CEO di Momo.
Questo modus operandi era certamente dettato dal fatto che i suoi interessi fossero "anche" altri, le corse innanzitutto».

La domanda a questo punto sorge spontanea: qual era l'eco dell'attività sportiva di Moretti in azienda, cosa vi raccontava al rientro dai campi di gara?

*Interview with **Massimo Ciocca***

An interfone and the number 175 greet visitors on the outside of the large white building. We have to ring and cross the threshold to find out exactly where we are. Immediately on entering, on the left, appears and enormous, unmistakeable MOMO script in satined metal, those four stylised letters that all motor sport enthusiasts have over the years learned to recognise and appreciate after seeing them on steering wheels, road wheels, seats, suits and gloves as well as the bodywork of the many cars raced, often successfully, by the founder Gianpiero Moretti.
Talking to us about Moretti and acting as our host is Massimo Ciocca, CEO of the Moretti Group and part of the firm since back in 1989...

When did you meet Gianpiero and how did your Momo career get underway?

«Simple, just after I completed my studies in 1989. At that time I knew somebody who was already working at Momo who told me they were looking for some one to join the firm and specifically to work on the European export market. I therefore went through the interview process and then joined the team. I remember the precise date: 16 November 1989. I'd say that I met Moretti a few days later. He came into my office, which at that time I shared with a colleague, and the first impression was that of a very direct but always simpatico and cordial. He always was like that with me: every time he passed my desk, after the inevitable, "Hey, doctors, how's it going?" – he always ironically called me Doctor – he never missed the chance to tell a joke or kid us about something. Then, certainly, over the years our relationship developed, although we have to remember that in effect there was a significant difference in age between us. This was a factor that generated great mutual respect to the point where we always addressed one another with the formal lei.
Look, now that I think about it, there are another two aspect I'll never forget about Moretti: the smell of his Toscano cigar which he always had in his mouth, even in the office, which meant that... you could smell him even before you saw him, and his affectionate dig, a beautiful golden retriever, if I remember rightly, which was also an assiduous presence at Momo».

What was Moretti like as an employer?

«He was always interested in what I was working on and never missed an opportunity to inform himself as to how things were going but, I have to say, he was never pushy in this sense. In other words, he asked, of course, but at the same time he delegated a lot, trusting his staff. This was an approach he adopted with everyone in the company, and he was always very open with everyone: you could always enter his office».

In the light of what you've said, would you define him as an entrepreneur in the full sense of the term?

«Moretti was rather the man with the ideas, the one with the intuition, the spark and who would then, once he had put it on the table, would leave others to develop it. I repeat, he trusted his staff and was right to do so as along with us younger members, there were people in the company who had been at his side for many years. Above all I'm thinking of Marco Cattaneo, then the Momo CEO.
This modus operandi was certainly dictated by the fact that he "also" had other interests, racing above all».

The next question comes naturally: what was the effect of Moretti's racing career on the company, what would he tell you when he came back from a race?

«Anche se può sembrare strano, direi che almeno con noi che all'epoca eravamo i più giovani, non ha mai condiviso le emozioni o le difficoltà legate a quest'altra "attività". Direi che ha sempre vissuto le sue esperienze sportive in modo piuttosto personale, pur se era ben consapevole del valore e dell'importanza che, sul piano dell'immagine, proprio questa sua attività aveva per l'azienda. E questo non solo quando vinceva. La sua assidua presenza nelle corse era sempre e comunque motivo di interesse, ad esempio, per i clienti, per i nostri partner tecnici e tutto questo si rifletteva comunque, ad esempio, sulla comunicazione: il "racing" non è mai mancato né nei cataloghi né nei nostri stand, nei vari Saloni cui prendevamo parte. Saloni ai quali, almeno il giorno dell'inaugurazione, Moretti non mancava mai. In quelle occasioni cambiava ulteriormente pelle diventando l'uomo delle pubbliche relazioni per eccellenza, con i clienti, con i fornitori e i distributori, avendo sempre un occhio di riguardo per Momo USA e dimostrando anche in questo il suo sconfinato amore per gli Stati Uniti».

Com'era l'ambiente Momo quando sei entrato alla fine degli anni Ottanta. Quali furono le tue prime impressioni?

«Iniziamo con il dire che quella era la mia prima esperienza lavorativa e che quindi arrivavo direttamente dall'università. Il salto fu quindi notevole anche perché la Momo di quell'epoca era quanto mai formale: giacca e cravatta d'obbligo per tutti, Moretti per primo. L'ho visto, lo abbiamo sempre visto così, come dimostrano anche le foto dell'epoca. Non solo, ma come già spiegavo, Moretti dava a tutti del lei, eccezion fatta per i suoi collaboratori storici. Attenzione però: tutta questa formalità non impediva di lavorare in un contesto piacevole.
Ma poi, a dispetto di questa apparente formalità interna, la Momo già allora era una realtà estremamente aperta verso l'esterno, pregna di idee e di prospettive, di respiro assolutamente internazionale. Lo dimostra il fatto che io sono entrato in Momo perché parlavo tre lingue, oltre l'italiano, e sin dalla mia prima mansione, assistente vendite, sales assistant, per il mercato del Benelux (Belgio, Olanda e Lussemburgo) ho avuto a che fare con l'estero. Un sogno e una grande opportunità per un ragazzo che esce dall'università, una bellissima palestra dove fare tante esperienze, dove potersi occupare in prima persona degli aspetti più diversi. Un'azienda che ti apriva la mente come, del resto, fa ancora oggi».

Quanto si è sentita l'uscita di Moretti dall'azienda alla metà degli anni Novanta e quali sono state le ripercussioni di questo fatto?

«Ricordo bene quella fase. A quell'epoca la Momo era un'azienda molto strutturata, un organismo ben concepito e articolato nei suoi diversi rami. Questo proprio perché Moretti, come si diceva, aveva sempre delegato lasciando ampi spazi di crescita e di manovra ai suoi più stretti collaboratori. Ecco perché, da un punto di vista sostanziale, una vera e propria uscita di scena di Moretti dalla Momo non c'è mai stata. Quelli che sono restati erano comunque figli della sua scuola e hanno proseguito nel solco tracciato dal fondatore e dall'Amministratore Delegato di allora.
Sul piano umano, invece, il vuoto si è fatto sentire eccome: è venuto a mancare per prima cosa l'Uomo. Mi piacerebbe ancora oggi vederlo entrare in questo ufficio quando meno te l'aspetti, ascoltare e ridere della barzelletta di turno e scambiare con lui qualche battuta. Ma poi è venuta a mancare anche la figura carismatica, quella che, negli anni, più di tutti, aveva contribuito ad identificare Momo con le corse, con la competizione, quasi che queste fossero l'autentico combustibile dell'azienda.
Non a caso, solo pochi anni dopo la sua uscita di scena, ci fu la scomparsa del team Momo, di quella squadra che portava in giro per il mondo il nostro marchio.
Quando l'azienda è stata venduta in America, le cose sono drasticamente cambiate e tutte le risorse sono state concentrate sul prodotto: volanti, airbag, primo equipaggiamento. Il racing non è stato più ammesso, anzi, dai nuovi proprietari è stato visto in maniera negativa dal momento che il loro core business con Momo era dato proprio dall'airbag, dunque da un prodotto legato al tema della sicurezza e non certo alle corse, alla passione.
Ci avevano infatti acquisito proprio per potersi presentare sul mercato con un prodotto completo, con volante dotato di airbag».

Mentre parlavi della scomparsa del team Momo non ho potuto non pensare a quel fumetto che hai fatto realizzare negli anni Duemila dove, in pratica, inventasti, partendo dal foglio bianco, una storia che aveva per protagonista proprio un team Momo virtuale, alla Michel Vaillant, per intenderci. Perché?

*«Even though it may seem strange, I'd say that at least with us who at the time were the youngest, he never shared the emotions or the difficulties associated with this other "business".
I'd say that he always lived his racing experiences in a rather personal way, even though he was well aware of the value and importance in terms of image they had for the company. And not only when he won. His assiduous presence at the racing circuits was always and in any case a motive of interest, for example, for clients and our technical partners and all this reflected, for example, on communication: "racing" was never absent from either our catalogues or our stands at the various shows in which we took part. Shows that, at least on the opening day, Moretti would never miss. On those occasions he mutated to become the public relations man par excellence, with clients, with suppliers and distributors, and always with special consideration for Momo USA, here top demonstrating his boundless love for the United States».*

What was the atmosphere like at Momo when you joined in the late Eighties? What were your first impressions?

*«Firstly I have to say that this was my first job and therefore I arrived directly from university. The change was significant, in part because Momo at that time was particularly formal: jacket and tie obligatory for everyone, Moretti included. I saw him, we always saw him like this, as testified by the photos of the era. Moreover, as I've already mentioned, Moretti addressed everyone with the formal lei, everyone except his longest-standing colleagues. However, all this formality never prevented us from working in a pleasant context.
But then, despite this apparent internal formality, Momo was already a firm that was extremely open towards the outside, full of ideas and perspective of absolutely international scope. This is shown by the fact that I joined Momo because I spoke three languages, as well as Italian, and from my very first job as a sales assistant for the Benelux market (Belgium, Holland and Luxembourg) I was dealing with foreign clients.
A dream and a great opportunity for a kid fresh out of university, a wonderful chance to gain experience while dealing first hand with the most diverse aspects of the business. A company that opened your mind, just as it does still today».*

How much of an impact did Moretti leaving the firm in the mid-Nineties make and what were the repercussions?

*«I remember that phase well. At the time Momo was a very structured company, a well-conceived and clearly organized organism with diverse branches. This was of course, as mentioned earlier, because Moretti had always delegated, leaving plenty of room for growth and manoeuvre to his closest collaborators. This is why, from a broad point of view, Moretti never really did leave Momo. The people that remained were all his protégés and continued to follow the example set by the founder and the Managing Director of the tiume.
In human terms, the void certainly made itself felt: what we missed first was the man himself. I'd still like to see him coming into this office just when you least expect him, listen to and laugh at his latest joke and exchange a few words with him. Then what we missed was the charismatic figure that over the years had more than any one else helped identify Momo with racing, with competition, as if these were the compan's true fuel.
It is no coincidence that Team Momo, which had carried our name throughout the world, was disbanded just a few years after he left.
When the company was sold in America, things changed drastically and all the resources were diverted to the product range: steering wheels, airbags, original equipment. Racing was no longer permitted, in fact the new owners always saw it in a negative light as for them Momo's core business was always the airbag, a product associated with the issue of safety and certainly not competition and passion.
They had, in fact, bought us with the idea of presenting the market with a complete product, a steering wheel equipped with an airbag».*

While you were talking about the disbanding of the Momo team I couldn't help thinking about that comic strip you had drawn a few years ago in which, in practice, you invented from scratch a story that featured a virtual Team Momo, something akin to the Michael Vaillant stories, for example. Why?

«Era la seconda metà del 2005. All'epoca era già trascorso qualche anno da quando Momo non aveva più avuto un proprio team. Non un lasso di tempo lungo ma sufficiente per perdere i contatti necessari, senza considerare che in quel momento vi era, su tutte, la necessità di ricostruire l'azienda, di pensare nuovi prodotti, di concentrarsi sul rilancio globale del Marchio nell'aftermarket. Io però non ho mai smesso di pensare ad un team nostro e, più in generale, al racing. Preso però atto che una squadra "vera", in quel momento, non potevamo averla, ho pensato di crearne una di fantasia che, seppur virtuale, sul piano del messaggio visivo, fosse in grado di tener vivo quel fil rouge che in fondo aveva sempre attraversato la storia di Momo. Visto l'apprezzamento riscontrato presso i clienti e i distributori storici, direi che l'obiettivo fu pienamente raggiunto.
Sono poi trascorsi altri sette anni, prima di tornare ad avere un team autentico, marchiato Momo, nel gennaio 2012. Per la precisione, il debutto della nuova squadra è avvenuto alla 24 Ore di Daytona di quell'anno (28-29 gennaio). Fra l'altro, è stato quello il modo migliore per rendere omaggio a Gianpiero che era scomparso qualche settimana prima (il 14 gennaio ndr). Non a caso, sul cofano della vettura, avevamo messo una decalcomania che riproduceva il volto di Moretti; non solo, ma l'auto recava il n. 30 e il colore di fondo era un rosso cromato con le classiche strisce gialle, che richiamavano proprio quelle della 333 SP».

Il vero ritorno alle gare ha poi portato i frutti sperati?

«Torno a dirlo, oggi Momo è, ancora, la sola realtà ad avere un proprio team ufficiale, una squadra che porta in giro per il mondo il marchio. Ben altra cosa è una semplice sponsorizzazione, seppur importante. Questo è il primo aspetto che si è conservato nella squadra oggi impegnata in IMSA con il team Momo NGT, questo lo spirito che ha sempre animato le vetture schierate da Moretti. Ma perché tutto ciò? Il primo obiettivo è quello di poter provare in pista, in gara, soluzioni che poi possono trovare applicazione nella normale produzione di cerchi, volanti, tute, guanti e sedili, in una parola, nel prodotto. Non esiste collaudo migliore di quello che puoi fare in pista.
Ovvio che la differenza più significativa fra il team Momo odierno e quello di un tempo è data dal fatto che, all'epoca, c'era Moretti, c'era ancora il fondatore, colui il quale nella prima metà degli anni Sessanta aveva capito con largo anticipo come si sarebbero evolute alcune componenti fondamentali dell'automobile, il volante su tutte».

In che modo e sino a che punto l'impegno diretto nelle corse è utile per il prodotto. C'è un travaso tecnico fra le due esperienze?

«Bisogna distinguere fra tipologia di prodotto. Per quanto concerne le ruote, la tecnologia necessaria per correre in pista non può essere applicata sui cerchi destinati alle vetture di produzione. In termini di materiali impiegati, di tecniche necessarie per la realizzazione e quindi di costi complessivi, sarebbe assolutamente insensato montare su un auto destinata alla normale circolazione cerchi realizzati con procedimenti propri delle competizioni (ad eccezione delle supercar, vetture di fascia molto alta). Diverso è il discorso per gli altri segmenti di prodotto. Prendi il volante, i sedili, i pomelli. Ecco, in questo caso c'è l'esigenza del pilota, la specifica richiesta di un particolare concorrente che vuole la corona del volante rivestita in materiali differenti in modo da avere grip diversi sulla circonferenza, ma anche cuciture di un certo tipo, orientate in uno specifico modo e, ovvio, impugnature con caratteristiche e diametri differenti. Una personalizzazione a tutti gli effetti. Ecco, questo patrimonio di informazioni diventa fondamentale una volta traslato sul prodotto, sul volante di serie».

Parlando di immagine legata alla comunicazione, ho trovato sorprendente, scorrendo le campagne pubblicitarie della seconda metà degli anni Duemila, il riferimento costante al cinema, con volanti, cerchi e componenti Momo portati letteralmente su set virtuali, ambientati nei contesti più differenti, quasi protagonisti di vere pellicole. Come è nata questa idea?

«Il motivo principale di tale scelta è di nuovo da ricercarsi nell'assenza di un impegno reale nel mondo delle competizioni e nell'impossibilità quindi di comunicare attraverso il racing. Una volta interrotto con le corse, l'esigenza di realizzare una diversa comunicazione si è subito avvertita, sia nella forma sia nei contenuti. Muovendo dal concetto basilare che un prodotto, soprattutto se legato ad un marchio come quello Momo, deve essere veicolo di emozioni, altrimenti un volante resterebbe solo un volante, così come una ruota resterebbe soltanto una ruota. Senza vita. Avvertii subito il bisogno di trovare nuove forme di comu-

«It was the second half of 2005 and the Momo racing team had been gone for some years. It hadn't been that long but enough to lose the necessary contacts, not to mention the fact that at that moment above all it was necessary to rebuild the company, to think about new products, to concentrate on the brand's global relaunch in the aftermarket. However, I had never stopped thinking about our own team and, more in general, about racing. I realised, however, that at that time we couldn't have a "real" team and so I decided to create and imaginary one that, while virtual, would on the visual level communication level keep alive the fil rouge that had after all run throughout the Momo story. Given the interest generated among our historic clients and suppliers, I'd say the objective was achieved in full.
Another seven years passed before we once again had an authentic Momo team in the January of 2012. To be precise, the new team debuted in the Daytona 24 Hours that season (28-29 January). It was also the best possible way of paying tribute to Gianpiero who had passed away a few weeks earlier [14th January ed.]. We put a decal on the car that reproduced Moretti's face but it also carried the number 30 while the basic colour scheme was a chrome red with the classic yellow stripes that recalled those of the 333 SP».

Has the true return to racing been as successful as you hoped?

«I'll say it again, Momo is still the only company with its own works team which carried its name around the world. Sponsorship, while important, is a very different matter. This is the first aspect that has been retained in the team today competing in IMSA with the Team Momo NGT, this is the spirit that was always found in the cars entered by Moretti. But why do we do all this? The first objective is that of being able to track test under racing conditions features that may find application in the production of normal wheels, steering wheels, suits, gloves and seats; our products in short. There is no better proving ground than the track.
Obviously, the most significant difference between the current Momo team and the one from the past is that at that time there was Moretti himself, there was still the founder, he who in the early Sixties had already seen how certain fundamental automotive components would have developed, first and foremost the steering wheel».

In what way and to what extent is the direct commitment to racing useful with regard to your products? Is there a technical overlap between the two fields?

«We have to distinguish between types of product. With regard to wheels, the technology required to race on track cannot be applied to wheels destined for production cars. In terms of the materials used, the techniques required for their production and therefore the overall costs, it would be absolutely absurd to fit an ordinary road car with wheels made with competition in mind (with the exception of the most extreme supercars). Things are different in other product segments. Take steering wheels, seats and gear knobs. In these cases there are the demands of the driver, the specific request of a single competitor who wants a rim trimmed in different materials so as to have different grips around the circumference, but also stitching of a certain type, orientated in a specific direction and, of course, rims with differing characteristics and diameters. 360° personalisation. So this wealth of information becomes fundamental once translated into the product, into the production steering wheel».

Talking about image and communication, as I looked through the advertising campaigns from 2005 on, I was surprised by the constant references to film, with Momo steering wheels, road wheels and components taken onto the most diverse virtual sets, almost protagonists in true films. How did this idea come about?

«The principal motive behind this choice is again to be found in the absence of true commitment to racing and the impossibility therefore of communicating through motorsport. Once the racing programme had been interrupted, a need for a different type of communication in terms of both form and content was felt immediately. Acting on the basic concept that a product, especially one associated with a brand like Momo, has to be a vehicle of emotions, otherwise the steering wheel would be just a steering wheel, and a road wheel just a road wheel. Lifeless. I immediately recognised the need to find a new form of communication. While for a young line the comic might be ideal, for our "premier line", steering and road wheels, I made a first approach in 2005, virtually placing iconic cars equipped with Momo wheels on the roofs of the skyscrapers of New

nicazione. Se per una linea giovane il fumetto può essere l'ideale, per la nostra "prima linea", volanti e cerchi, feci un primo tentativo, nel 2005, collocando virtualmente vetture iconiche equipaggiate con cerchi Momo sui tetti dei grattaceli di New York, città simbolo per eccellenza. In quelle immagini, tutto era avvolto in un'atmosfera che già sapeva di set. Poi, nel 2006 e 2007, decido di compiere il salto definitivo rendendo i nostri clienti spettatori di un vero e proprio film, con tanto di casa di produzione, personaggi e ambientazioni, liberamente ispirati a film di successo di quegli anni che potessero avere affinità con il nostro prodotto.
Ecco apparire il nostro agente segreto, sempre circondato da splendide ragazze, alla guida di macchine "super sportive". L'idea di fondo era quella di recuperare, seppure in modo virtuale, quell'adrenalina che, in passato, solo le corse avevano saputo dare.
Nello stesso tempo, i nostri manifesti pubblicitari si trasformano in locandine vere e proprie e la data del lancio di un particolare prodotto diventa una prima cinematografica.
Questo filone avrà poi un tale successo che nel 2007, la casa cinematografica Paramount si è messa in contatto direttamente con noi, tramite la sua agenzia italiana incaricata, per proporci un'operazione di co-marketing dal momento che loro, in quella fase, stavano lanciando sul mercato Transformers. Quello è stato poi l'inizio di un vero e proprio filone che negli anni successivi ci ha visti legare i nostri prodotti ad altre pellicole di successo come Iron Man e Iron Man 2, Hancock, Terminator.
È chiaro che poi, quando siamo finalmente tornati alle gare con un nostro team, non abbiamo più avuto bisogno di percorrere questa strada potendo "usare" il coinvolgimento nelle corse come principale veicolo per trasmettere emozioni».

Sempre restando in tema di campagne pubblicitarie, forse una delle più recenti vede vetture equipaggiate con cerchi Momo, ambientate in celebri strade e piazze di città italiane. Immagino che almeno una parte del messaggio che avete voluto trasmettere sia stato proprio il voler puntare sull'italianità del vostro marchio. Essere rappresentanti del "made in Italy" ed essere stati, nel corso degli anni, partner di eccellenze italiane, si pensi a Ferrari o a Riva su tutti, quanto ha contato e quanto conta ancora oggi per il vostro brand?

«La strategia comunicativa cui ti riferisci nasce nel 2011 ed è sicuro che una parte non secondaria del messaggio che abbiamo voluto trasmettere è stato esattamente quello che hai rilevato: siamo nati in Italia, abbiamo operato e lavoriamo in questo Paese e, di questo, ovvio, siamo orgogliosi. Poi, certo, oggi alcuni dei nostri prodotti vengono "fisicamente" realizzati all'estero, ma il pensiero che sta dietro a ciascuno di questi, il loro design, la loro progettazione, sono e restano italiani. Sono stati i nostri clienti stranieri i primi a chiederci di sottolineare questo messaggio che, per il mercato estero, costituisce sempre un plusvalore in Europa, negli Stati Uniti e soprattutto in Giappone».

Se oggi Moretti fosse qui con noi, in questi uffici, cosa penserebbe di Momo, di come si è evoluta ed è diventata l'azienda che aveva creato?

«Io credo che sarebbe contento perché percepirebbe l'enorme entusiasmo che c'è in questa azienda, perché vedrebbe tante persone giovani che lavorano ancora al suo interno, coglierebbe la creatività che è alla base dei nuovi prodotti ma anche nella comunicazione e nell'approccio ai diversi mercati. Non gli sfuggirebbe di certo che oggi la Momo cammina con le proprie gambe, che è considerata un'eccellenza a livello mondiale e certo sarebbe estremamente lieto di vedere che siamo tornati alle corse con un nostro team, una nostra squadra.
Di un'altra cosa, ne sono sicuro, andrebbe orgoglioso: vedere un'azienda eticamente corretta proprio come è sempre stato lui, come è sempre stato quell'uomo che, gli va riconosciuto, ha avuto la rara capacità di avere un approccio sempre leale in gara e nella vita.
E questo, davvero, non è da tutti».

York, the urban symbol par excellence. In those images, everything was cloaked in an atmosphere that already had a film set flavour. Then, in 2006 and 2007, I decided to go all the way and make our clients the spectators of a true film with its own production company, characters and locations, freely inspired by successful films of the time that have affinities with out products.
Hence the appearance of our secret agent, always surrounded by beautiful girls, at the wheel of supercars. The basic idea was that of picking up on, albeit virtually, that adrenalin that in the past only racing had been able to provide.
At the same time, our advertising billboards were transformed into true film posters and the date of the launch of particular product coincided with a film premiere.
This initiative was so successful that in 2007 the Paramount film production company contacted us directly through its Italian agency to propose a co-marketing operation given that in that period they were launching Transformers. That was the beginning of a series that over the following years saw our products paired with other successful films such as Iron Man and Iron Man 2, Hancock and Terminator.
Clearly, when we finally returned to racing with our own team, we no longer needed to follow this path as we could use our involvement in the races as the principal vehicle for transmitting emotions».

Staying with the advertising campaigns, perhaps one of the most recent sees cars equipped with Momo wheels located in famous piazzas and streets in Italian cities. I imagine that at least part of the message that you wanted to transmit was that of the Italian nature of your brand. To what extent has being representatives of the "made in Italy" and having been over the course of the years a partner with exemplars of Italian excellence such as Ferrari and Riva, been important to your brand and how important does it continue to be?

«The communication strategy you refer to was launched in 2011 and certainly a by no means secondary part of the message we wanted to get over was exactly what you have identified: we were born in Italy, we have worked and continue to work in this country and naturally this something we're proud of. Then, sure, today some of our products are physically fabricated abroad, but the thinking that lies behind each of them, their styling, their design, are and remain Italian. It was first and foremost our foreign clients who asked us to underline this message which always represents added value in Europe, in the United States and above all in Japan».

If Moretti was here with us today in these offices, what would he think about Momo, about how the company he created has evolved and grown?

«I believe that he would be happy because he would recognise the enormous enthusiasm that there is within this company, because he would see many young people still working within it, he would understand the creativity underlying the new products and the communication strategy and the approach to the diverse markets. He certainly wouldn't overlook the fact that Momo is moving forward under its own steam, that it is considered an example of excellence at a global level and certainly he would be delighted to see that we are back racing with our own team.
I'm also sure he would be proud of another thing: seeing a company as ethically sound as he always was, as that man who, it should be recognised, had the rare gift of loyalty and fairness in racing and in life.
And really, you can't say this of everyone».

Marketing e comunicazione

Marketing and communication

Momo è sempre stata, sin dall'inizio della propria storia, un'autentica pioniera del marketing.
50 anni fa, Momo stava già approcciando il mercato in modo estremamente innovativo.
Il mondo delle corse automobilistiche è sempre stato un tema ricorrente nella storia di questo marchio italiano, al punto da indurlo a creare un proprio team, "vestito" con i propri colori istituzionali, per gareggiare in alcuni tra i Campionati più prestigiosi al mondo, dall'IMSA negli U.S.A. alla Porsche Supercup in Europa.
Senza contare la F1.
Certamente, il Team Momo e tutta l'attività racing hanno sempre dato un forte contributo al successo dell'Azienda, fungendo da ambasciatori del marchio in contesti di altissimo livello e portando un positivo riflesso sulle vendite dei suoi prodotti.
Momo, però, non si è limitata a utilizzare il tema racing per la promozione del proprio marchio e della propria attività: questa, infatti, sarebbe stata una scelta tutto sommato convenzionale per un'azienda impegnata anche nel mondo delle corse, e ciò sarebbe stato poco consono a un marchio dotato di una simile carica innovativa.
Al contrario, e in più fasi della propria esistenza, Momo ha sperimentato forme di comunicazione alternative, talvolta originali e anticipatrici al punto da essere state inizialmente comprese solo in parte dal mercato.
Basti pensare alla campagna pubblicitaria del 2005, nella quale alcune vetture sportive equipaggiate con ruote Momo, ammiccavano all'osservatore dai tetti dei grattacieli di New York.
Il catalogo di grandi dimensioni e in formato "cinemascope", nel quale tutte le immagini furono pubblicate, raccontava un'intera giornata in quel singolare e suggestivo luogo, dall'alba al tramonto.
Un altro chiaro esempio viene dalla campagna pubblicitaria, varata nel 2006 ed evolutasi fino al 2010, con la quale Momo decise di legare il proprio brand al mondo del cinema, che propone uno dei linguaggi più universali ed emozionali, risultando

*Momo has always been, from the very start of its story, an authentic marketing pioneer.
50 years ago, the company was already approaching the market in an extremely innovative fashion.
The world of motor racing has always been a recurrent theme in the history of this Italian brand, to the point where it decided to create its own team, "dressed" in its own corporate colours, to compete in the some of the world's most prestigious championships, from IMSA in the United States to the Porsche Supercup in Europe.
To say nothing of F1.
Team Momo and all the racing activities have certainly made a significant contribution to the company's success, acting as ambassadors for the brand in contexts of an extremely high level and reflecting positively on the firm's commercial operations.
Momo, however, did not restrict itself to using the racing theme for the promotion of its brand and its business: this would, in fact, have been a relatively conventional strategy for a company committed to motor sport but hardly appropriate for a company with such an innovative outlook.
Throughout its history, in fact, Momo has experimented with alternative forms of communication, some of them original and so far ahead of their time that they were only partially understood by the market.
Take, for example, the 2005 advertising campaign in which a number of sports cars equipped with Momo wheels winked at observers from the roofs of New York skyscrapers.
The large "cinemascope" format catalogue in which all the images were published recounted a full day in that unique and suggestive location, from dawn to dusk.
Another clear example comes from the advertising campaign launched in 2006 and developed through to 2010 with which Momo decided to link its brand with the world of film. Proposing one of the most universal and emotional idioms it was recognisable throughout the world.*

*L'inconfondibile cappellino di Jackie Stewart, autentico "marchio di fabbrica" del campione scozzese, riprodotto e diffuso dalla Momo nei primi anni Settanta a scopo promozionale, come indicava anche l'etichetta applicata al suo interno. Sotto, un portachiavi sempre "griffato" Momo realizzato negli stessi anni.
Nella pagina a fianco, "Io ho un Momo" recitava lo slogan riportato su uno dei primi adesivi diffusi dalla Momo, riproducente l'iconica sagoma dei volanti prodotti da Moretti.*

The unmistakeable cap of Jackie Stewart, a true trademark for the Scottish champion, reproduced and distributed by Momo in the early Seventies for promotional purposes, as indicated on the label inside. Below, a Momo-branded key ring produced in the same period. On the facing page, "Io ho un Momo" – "I've got a Momo" – ran the advertising slogan on one of the first stickers distributed by Momo and reproducing the iconic steering wheel design produced by Moretti.

MOMO
ITALY

così riconoscibile in tutto il mondo.

Marketing e comunicazione

Marketing and communication

Per dare ancora più appeal al marchio, infatti, le immagini della campagna si rifacevano a un mondo di avventura e passione, tipico delle grandi produzioni cinematografiche hollywoodiane.

Il "dietro le quinte" del progetto fu peraltro molto interessante, poiché, pur avendo l'obiettivo di ottenere solo alcuni scatti fotografici e non un girato video, vennero reclutati veri e propri attori e furono creati autentici set cinematografici con tanto di impiego della tecnologia chroma key (lo sfondo colorato che consente di ambientare, in modo virtuale, gli attori in uno scenario digitale o reale, ma comunque diverso da quello dello scatto stesso).

Peraltro, in quello stesso arco temporale, furono molti i progetti di co-marketing ideati con le più importanti Major cinematografiche al mondo, per il lancio congiunto di prodotti Momo e di pellicole del calibro di Iron Man, Iron Man 2, Transformers, Transformers 2, Hancock, Terminator Salvation, X-Men Origins: Wolverine.

Il periodo più recente, dal 2011 al 2014, ha visto Momo avventurarsi in un nuovo filone della comunicazione.

Il forte legame che è sempre esistito, e che ora è più forte che mai, tra l'Azienda e le proprie origini italiane, viene qui rappresentato con un percorso negli scenari più belli del nostro Paese; un viaggio che ha toccato, tra le altre, città come Milano (la quale ha metaforicamente battezzato Momo negli anni Sessanta), Roma, Firenze, oltre a innumerevoli piccoli borghi che rappresentano un vero, inestimabile, tesoro culturale.

In questo caso, potremmo dire che la "bellezza fa da sfondo alla bellezza": luoghi incantevoli esaltano il design di vetture sportive, equipaggiate con ruote Momo.

E, dal momento che l'anima racing di Momo è sempre estremamente forte e presente, anche le vetture da corsa dei suoi team ufficiali sono state ambientate negli stessi scenari, creando anche una sorta di trait d'union con la precedente linea di comunicazione ispirata alla fiction.

Ma, che cosa hanno in comune tra loro le strategie comunicative – apparentemente così diverse tra loro – che si sono avvicendate nel corso degli anni?

Passione, tradizione e stile.

Lo stesso logo aziendale, peraltro, è diventato un'icona tra i più popolari marchi di ogni settore industriale.

Ma, di questo, si parlerà più avanti.

In order to lend even greater appeal to the brand, the images from the campaign referenced a world of adventure and passion typical of the great Hollywood productions.

The "backstage" to this project was particularly interesting as even though the objective was to obtain a series of photographs and not shoot a video, real actors were recruited and authentic film sets were created using the chroma key technology (the coloured background that allows the actors to be placed in a digital or real setting that is different to the one in which the image was created).

Moreover, in the same period there were numerous co-marketing initiative created with the world's most important cinematic majors for the joint launch of Momo products and films oif teh calibre of Iron Man, Iron Man 2, Transformers, Transformers 2, Hancock, Terminator Salvation and X-Men Origins: Wolverine.

The most recent period, from 2011 to 2014, has seen Momo venture into a new strand of communication.

The close tie that has always existed, and which is now stronger than ever, between the company and its Italian roots, is represented here with a review of the most beautiful settings in our country; a journey that has taken in, among others, cities such as Milan (which metaphorically baptised Momo in the 1960s), Rome and Florence along with innumeroable small villages representing a true, inestimable cultural fortune.

In this case, we might say that "beauty acts as a backdrop to beauty": enchanting places exalting the design of sports cars fitted with Momo wheels.

And given that Momo's racing spirit is still extremely strong and ever-present, even the racing cars from its works teams have been placed in the same settings, creating a kind of link between the previous campaign based on fiction.

However, what do the various and apparently so different communication strategies that have followed one another over the years have in common?

Passion, tradition and style.

The corporate logo itself has become one of the most popular in any industrial sector.

But more on that later.

Altre due pagine pubblicitarie datate 1971 diffuse sulla stampa specializzata dell'epoca. In quella in alto compare anche il volto di Jackie Stewart, uomo immagine Momo in quegli anni, nella pagina a fianco intento a firmare autografi ai tifosi assiepati attorno alla "palazzina Momo" a Monza. La pressione della folla è tale che la vetrata del negozio ha appena ceduto come dimostrano anche le evidenti ferite sul polso del ragazzo più a destra.

A further two advertising pages dating from 1971 that appeared in the specialist press of the period. The one above features Jackie Stewart, a Momo face in those years and seen on the facing page intent on signing autographs for fans crowding round the "Palazzina Momo" at Monza. The pressure of the crowd was such that the shop window gave way, as shown by the conspicuous wounds on the wrist of the boy on the right.

momo

Sin dai primi anni Settanta, la palazzina Momo a Monza, in questa e nella pagina a fianco, è sempre stato meta dei grandi campioni della F1, da Mario Andretti, nell'immagine grande, a Clay Regazzoni, nella foto in alto in uno scatto dei primi anni Ottanta. Sopra, le molte collaborazioni esterne di Momo annoverano anche quella con Saint Gobain, per la produzione di un tetto apribile panoramico.

From the early Seventies, the Momo building at Monza, on this and the facing page, was always frequented by the great F1 stars, from Mario Andretti, in the large photo, to Clay Regazzoni, in the top photo in a shot from the early Eighties.
Above, Momo's many external collaborations included one with Saint Gobain for the production of an opening sunroof.

nel cuore dell'autodromo
articoli sportivi - articoli regalo - souvenirs
ed una ricca biblioteca
momo
HP RACING LINE

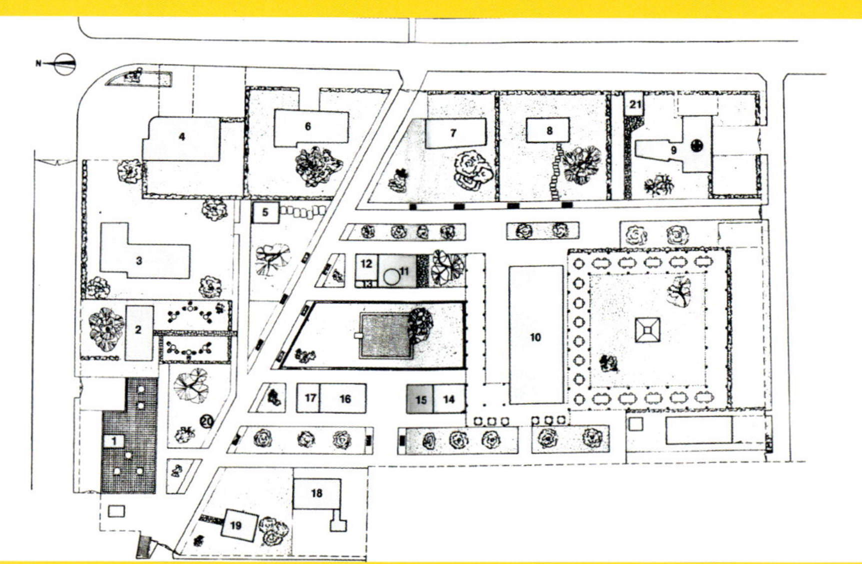

LANTI SPECIALI RUOTE IN LEGA SPECIAL STEERING WHEELS LIGHT ALLOY WHEELS
momo
momo
INGRESSO RISERVATO
momo
INGRESSO RISERVATO
momo

SINT 2000
ORANSODA

Alcune pagine pubblicitarie della prima "era": in certi casi, come nell'immagine in alto a sinistra, vi era una notevole ricerca grafica, che utilizzava forme geometriche delineate da colori contrastanti a richiamare la forma dei prodotti. Allo stesso modo, anche la scelta dei caratteri giocava un ruolo fondamentale. In considerazione dei successi ai più alti livelli nelle competizioni automobilistiche, Momo poteva vantare argomentazioni assai concrete. Pertanto, molto spesso, i più grandi campioni e le vetture più performanti dell'epoca costituivano il soggetto principale della comunicazione aziendale.

A number of advertising pages from the first "era": in certain cases, such as the one top left, there was considerable graphic sophistication with geometric forms delineated by contrasting colours referencing the forms of the products. In the same way, the choice of fonts also played a fundamental role. Considering its success at the highest levels of motorsport, Momo could always put forward convincing arguments. Frequently, therefore, the greatest drivers and cars of the era were the principal subjects of the firm's marketing campaigns.

Niki Lauda ha scelto per la sua Brabham-Alfa ruote e volante Momo.

borgo & rosta

Volanti collaudati dai piloti di F.1

Lauda, Andretti, Regazzoni, Brambilla, Peterson, Reutemann e molti altri guidano le loro F. 1 con volanti Momo. Perchè Momo ha dimostrato di costruire volanti che possono garantire il massimo delle prestazioni. Ogni pilota sa quanta importanza ha il volan-

Volante modello «Cavallino» disponibile in 3 diametri e adattabile a tutte le auto.

te: differenze di pochi millimetri nella circonferenza dell'impugnatura, nel diametro o nella forma possono essere fondamentali per la sicurezza e la precisione di guida.

Per questo i piloti e i costruttori di F. 1 collaborano con la Momo per realizzare volanti pratici e sicuri, che possono essere applicati alle vetture di serie previa la sola sostituzione del mozzo.

I volanti Momo sono disponibili in vari modelli, con razze color nero o argento ed in diametri che variano da 280 mm. a 380 mm.

La struttura è in alluminio anticorodal dello spessore di 5 mm. per assicurare elasticità e assorbimento delle vibrazioni. Il volante è rivestito in vera pelle per garantire una presa sempre comoda, salda e sicura.

I volanti Momo, con il nuovo mozzo collassabile, sono fra i pochi al mondo ad aver superato in Germania le rigorosissime prove antiurto "T.ü.v." valide per l'omologazione.

100 km/h

70 kg

Esempio di una prova "crash" con volante e mozzo collassabile Momo.

Le ruote Momo non temono il giudizio del "computer"

Niki Lauda, detto il "computer" per la sua freddezza nei collaudi e nelle corse, ha sottoposto alle più dure prove i nuovi cerchi in lega Momo prima di adottarli sulla sua Brabham-Alfa. Le avanzate tecnologie di fusione della Momo permettono ai suoi cerchi di subire le più violente sollecitazioni senza la minima deformazione.

Controlli radiografici e radioscopici, controlli a liquidi penetranti, controlli dimensionali e di equilibratura, di sollecitazione meccanica e di affaticamento

Ruota 5.50" x 13" - 6.00" x 13" per BMW Fiat, Alfa Romeo, Ford.

garantiscono l'altissima qualità delle ruote Momo. Gli stessi controlli vengono effettuati sulle ruote per le auto di serie, di cui la Momo produce una ricca gamma, che si distingue per l'avanzata ricerca del design.

Ricerca e tecnologia alla base del successo Momo

La qualità non si improvvisa. Per questo la Momo investe ogni anno notevoli energie nella ricerca sia stilistica che tecnologica.

E mette alla prova i risultati sottoponendoli alle massime sollecitazioni: le corse di F. 1.

Ricerca, tecnologia e esperienza che da anni la Momo mette al servizio degli automobilisti in 45 paesi del mondo.

JACKIE STEWART:
"Mi sono sempre battuto per la sicurezza: i volanti Momo rispondono a questo requisito. Ne ho collaudato personalmente uno che porta la mia firma".

CLAY REGAZZONI:
"Uso il volante Momo in formula 1 e sulla mia vettura personale perché è un vero volante sportivo".

JACKY ICKX:
"Ho firmato il volante Momo perché lo ritengo elegante e di ottimo design".

RONNIE PETERSON:
"Per me l'impugnatura è importantissima e i volanti Momo mi soddisfano in pieno. Per questo sono lieto di collaborare con la Momo".

Collaudato in formula 1 anche per te.
Momo
(Il volante della Ferrari 312 T2)

Regazzoni, Ickx, Stewart, Peterson chiedono solo una cosa al loro volante: il massimo delle prestazioni. Momo è sicuro in rettilineo e in curva (ha l'impugnatura anatomica speciale in finissima pelle, per una presa sempre salda ed efficace).

Momo è comodo su ogni percorso (ha la struttura in alluminio anti-corodal per assorbire le vibrazioni).

Momo è pratico e maneggevole per qualsiasi manovra (il design è stato appositamente studiato per questo).

Momo dispone di una vasta gamma di volanti per ogni esigenza e per ogni vettura.

Anche tu ci chiedi gli stessi requisiti. E noi lo sappiamo.

Infatti Momo non è solo il volante delle Ferrari 312 T2, delle Tyrrell, Brabham e Lotus.

E' anche il tuo.

MOMO S.p.A.
Volanti per campioni.

borgo & rosta

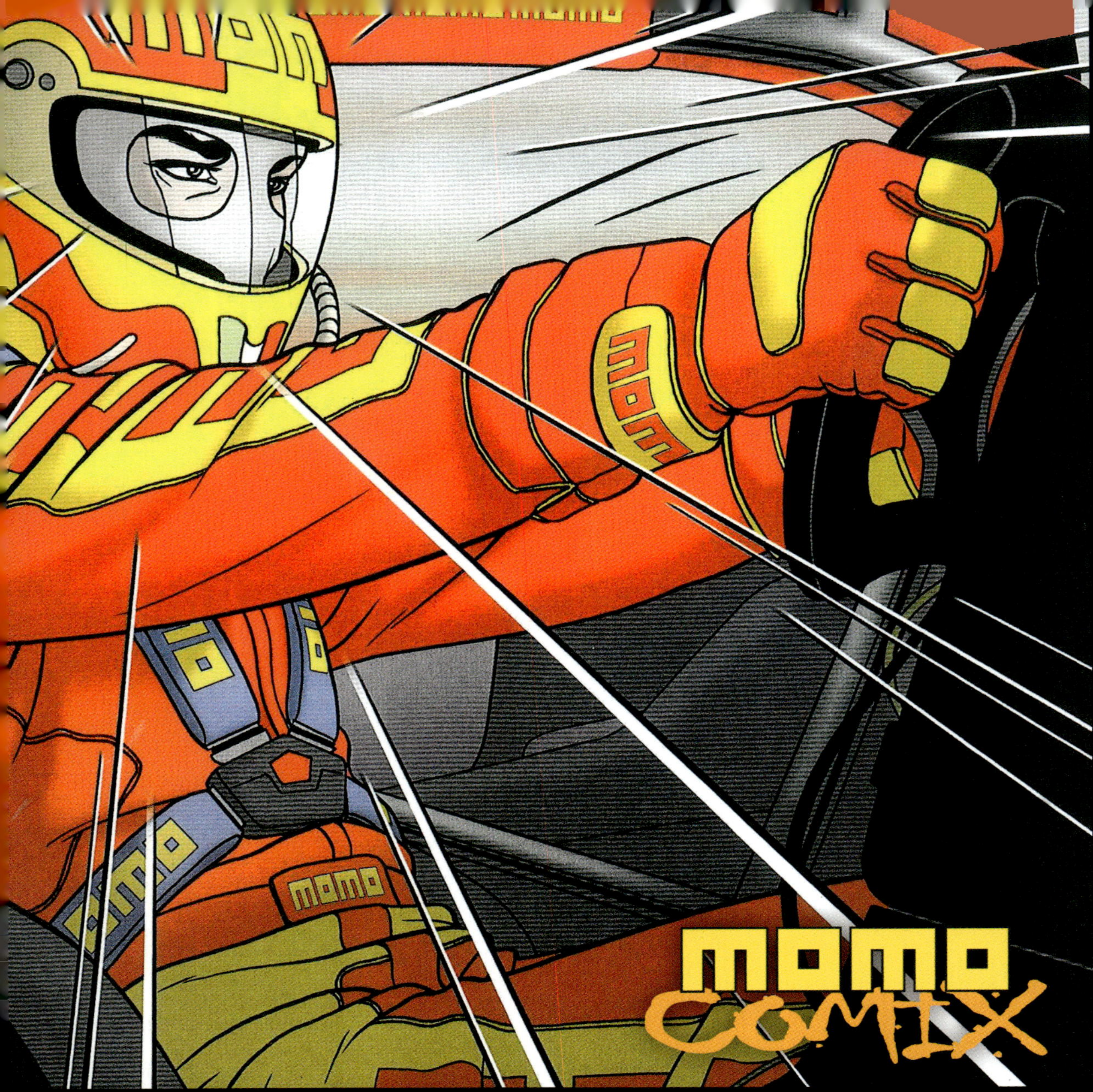

momo
COMIX

Gli anni Ottanta e Novanta hanno portato a una drastica virata nella strategia comunicativa di Momo. Forte del consolidamento della propria reputazione nel mondo delle corse, l'Azienda ha utilizzato un approccio più orientato al "life style": colui che possedeva un prodotto Momo otteneva il successo sociale e attirava sguardi ammirati, grazie alla propria auto personalizzata. Momo si stava trasformando in qualcosa di più che un semplice prodotto: stava diventando uno stile di vita.

The Eighties and Nineties brought a drastic shift in Momo's communication strategy. On the strength of its reputation in the world of motorsport, the company adopted an approach that was more lifestyle-oriented: those possessing Momo products were presented as socially successful and attracting admiring glances thanks to their personalised car. Momo was transforming into something more than a mere product: it was becoming a way of life.

MOMO
ITALY
JOHN T. DRUMM
RANDY LONGROAD
KRIS HURTING
SAMANTHA DURLINGTON
MOMO
AUTOMOTIVE ACCESSORIES
VISIT OUR SITE WWW.MOMO.IT
MOMO
ITALY
AUTOMOTIVE ACCESSORIES
THE ITALIAN WAY
FXL-ONE
6,5" X 15" - 7,0" X 16" - 7,0" X 17"
8,0" X 17" - 7,5" X 18" - 8,0" X 18" - 8,0" X 19"
TEN-S
6,5" X 15" - 7,0" X 16" - 7,0" X 17"
8,0" X 17" - 7,5" X 18" - 8,0" X 18" - 8,0" X 19"
TORQUE 3000
6,5" X 15" - 7,0" X 16" - 7,0" X 17"
8,0" X 17" - 7,5" X 18" - 8,0" X 18"
MOMO CORSE
6,0" X 14" - 6,5" X 15" - 7,0" X 16"
7,0" X 17" - 7,5" X 17" - 7,5" X 18" - 8,0" X 18"
VISIT OUR SITE WWW.MOMO.IT
MOMO SRL - VIA WINCKELMANN, 2 - 20146 MILANO - ITALY - TEL. +39 02 424112 FAX +39 02 42411299

Il filone del cinema di azione hollywoodiano venne cavalcato nella seconda metà degli anni Duemila. La finzione cinematografica di Momo creò alcuni personaggi e situazioni emozionanti, all'interno delle quali i prodotti diventavano parte integrante dell'azione stessa.

The Hollywood action movie theme was explored in the second half of the Noughties. Momo's cinematic fiction created a number of characters and thrilling situations in which the products became an integral part of the action.

MOMO ITALY TERMINATOR RENAISSANCE

AU CINEMA LE 3 JUIN

A L'Occasion De La Sortie De

MARVEL STUDIOS

IRON MAN 2

Au Cinéma Le 28 Avril 2010

Il cinema, per Momo, non è stato solo una semplice ispirazione: molte, infatti, sono state le collaborazioni internazionali con le Major cinematografiche per il lancio congiunto di nuovi "blockbuster" e di nuovi prodotti Momo. La lega metallica, materiale con il quale molti dei prodotti Momo sono realizzati, ha rappresentato il filo conduttore e il comune denominatore per tutte queste campagne pubblicitarie.

For Momo film was more than mere inspiration: there were numerous international collaboration with the cinematic majors for the joint launch of new blockbusters and new Momo products. Metal alloy, a material from which many Momo products are made, represented common denominator in all of these advertising campaigns

DISTRUGGE
TRANSFORMERS
DAL 28 GIUGNO AL CINEMA
MOMO
LA TUA AUTO
NON SARÀ PIÙ LA STESSA.

PROTEGGE
TRANSFORMERS
DAL 28 GIUGNO AL CINEMA
MOMO
LA TUA AUTO
NON SARÀ PIÙ LA STESSA.

MOMO
ITALY

STRIKE
ANTHRACITE

6,5" X 15"
7,0" X 16"
7,0" X 17"
8,0" X 17"
7,5" X 18"
8,0" X 18"
8,0" X 19"
9,5" X 19"

STRIKE

X-MEN ORIGINS
WOLVERINE
EN BLU-RAY ET DVD LE 4 NOVEMBRE

© 2009 TOUS DROITS RÉSERVÉS

Norauto
Demain s'entretient
aujourd'hui

Altri esempi delle campagne pubblicitarie di ispirazione cinematografica degli anni recenti.
Ancora azione, ma non solo: nel 2010, Momo ha ricostruito graficamente un immaginario mondo futuro senz'acqua, nel quale la scintilla della vita era affidata a pochi uomini e donne (immagine in alto a sinistra). Le auto dotate di cerchi in lega Momo esistevano tuttavia anche in questo mondo ostile ed erano il mezzo di trasporto dei sopravvissuti.

Further examples of advertising campaigns from recent years inspired films. Action pictures, but also other genres: in 2010, Momo graphically constructed an image of an imaginary future world without water, in which the spark of life was entrusted to just a few men and women (top, left). Cars equipped with Momo alloy wheels nonetheless existed in this hostile world and were the means of transport for the survivors.

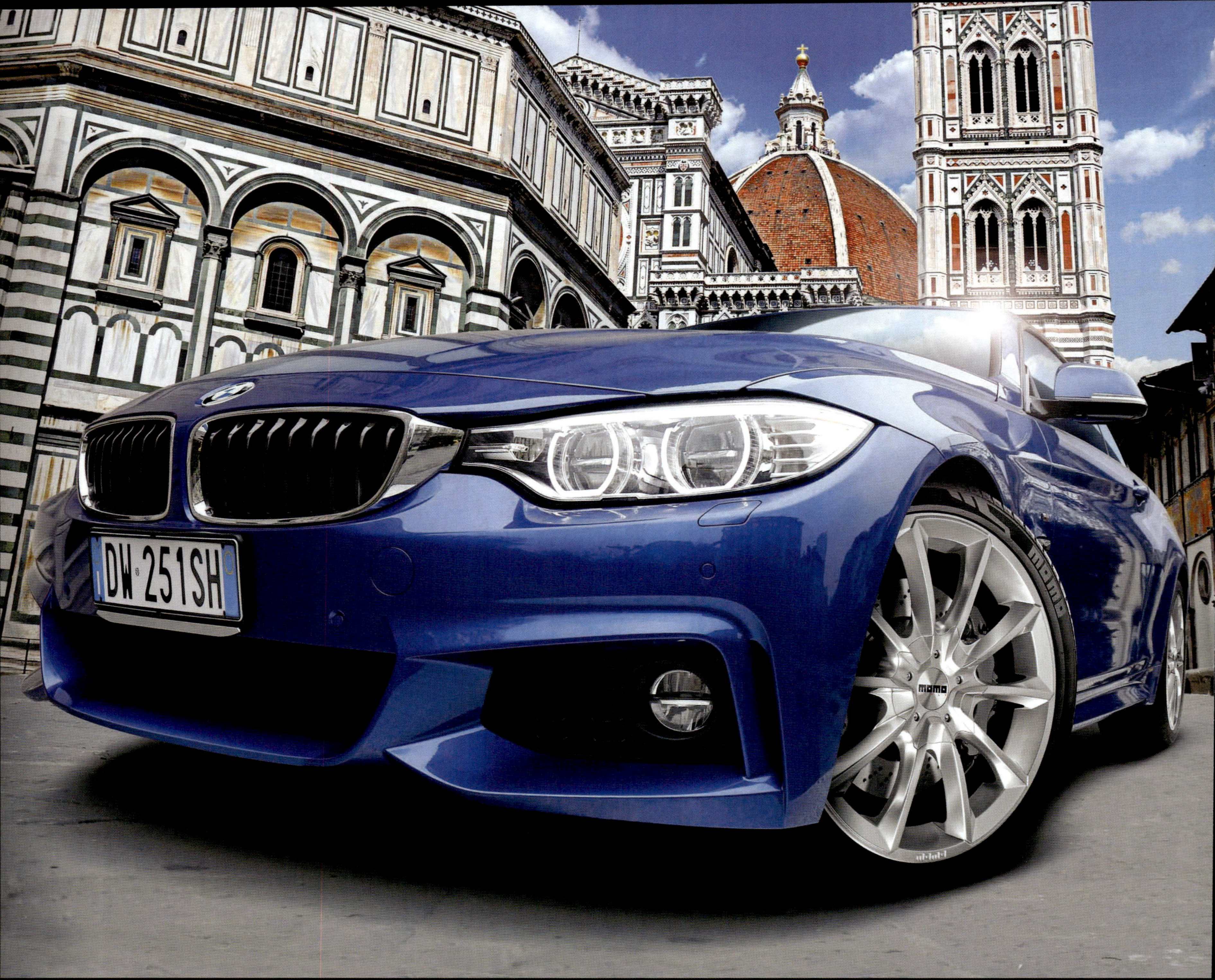
DW 251SH
MOMO

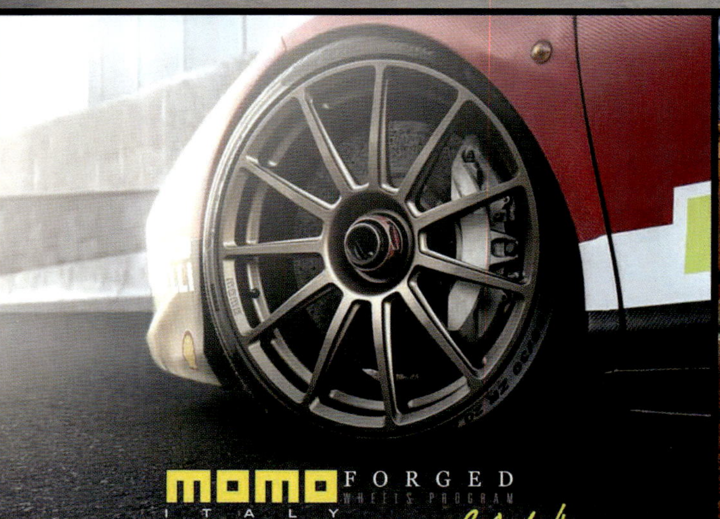

MOMO FORGED
WHEELS PROGRAM
ITALY
2014

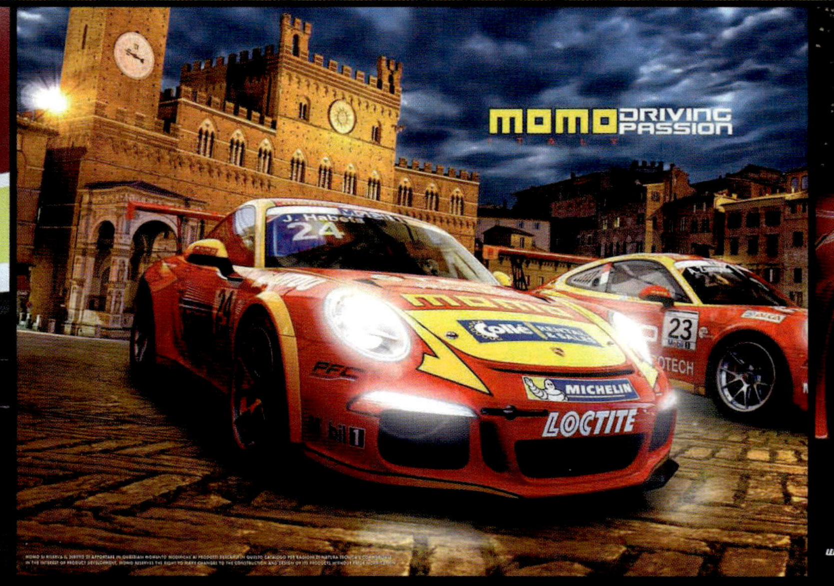

MOMO DRIVING PASSION
ITALY
MICHELIN
LOCTITE

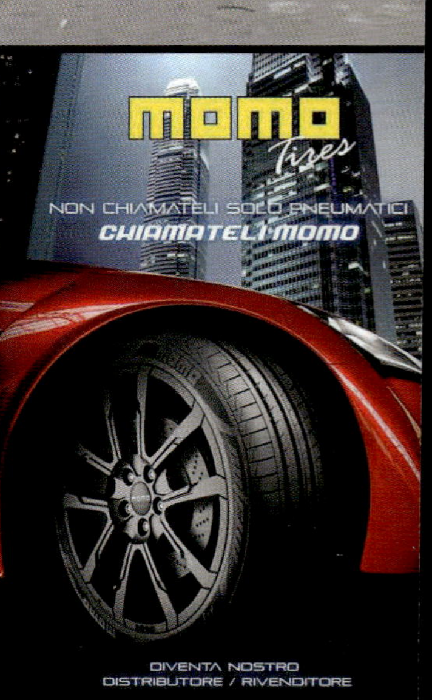

MOMO
Tires
NON CHIAMATELI SOLO PNEUMATICI
CHIAMATELI MOMO
DIVENTA NOSTRO
DISTRIBUTORE / RIVENDITORE
WWW.MOMOTIRES.IT

momo
DRIVING PASSION
LESMO ONE
www.momousa.com

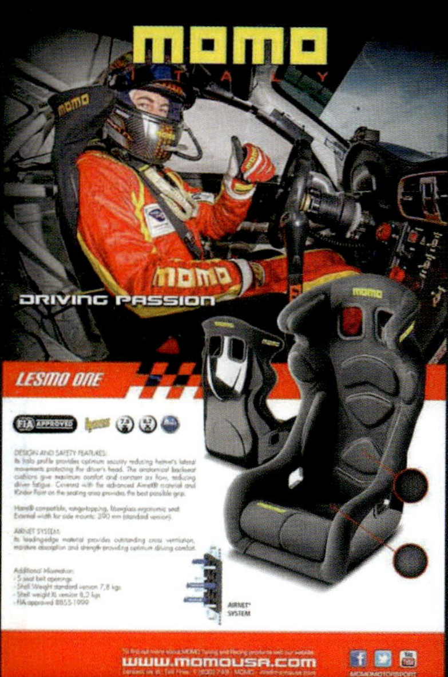

La seconda decade del nuovo millennio hainaugurato la nuova linea di comunicazione di Momo: il team ufficiale Momo è tornato ad esistere e a vincere, le performance in pista sono divenute nuovamente un elemento sul quale puntare in modo strategico. Ma anche lo stile e l'eleganza hanno continuato a fare la propria parte, con prodotti e vetture ambientati nei più incantevoli scenari italiani.

The second decade of the new millennium has seen Momo launch a new communication strategy: the Momo works team has been reformed and is already successful; performances on the track are once again a crucial strategic element. Style and elegance nonetheless continue to play their part, with products and cars placed in the most enchanting Italian settings.

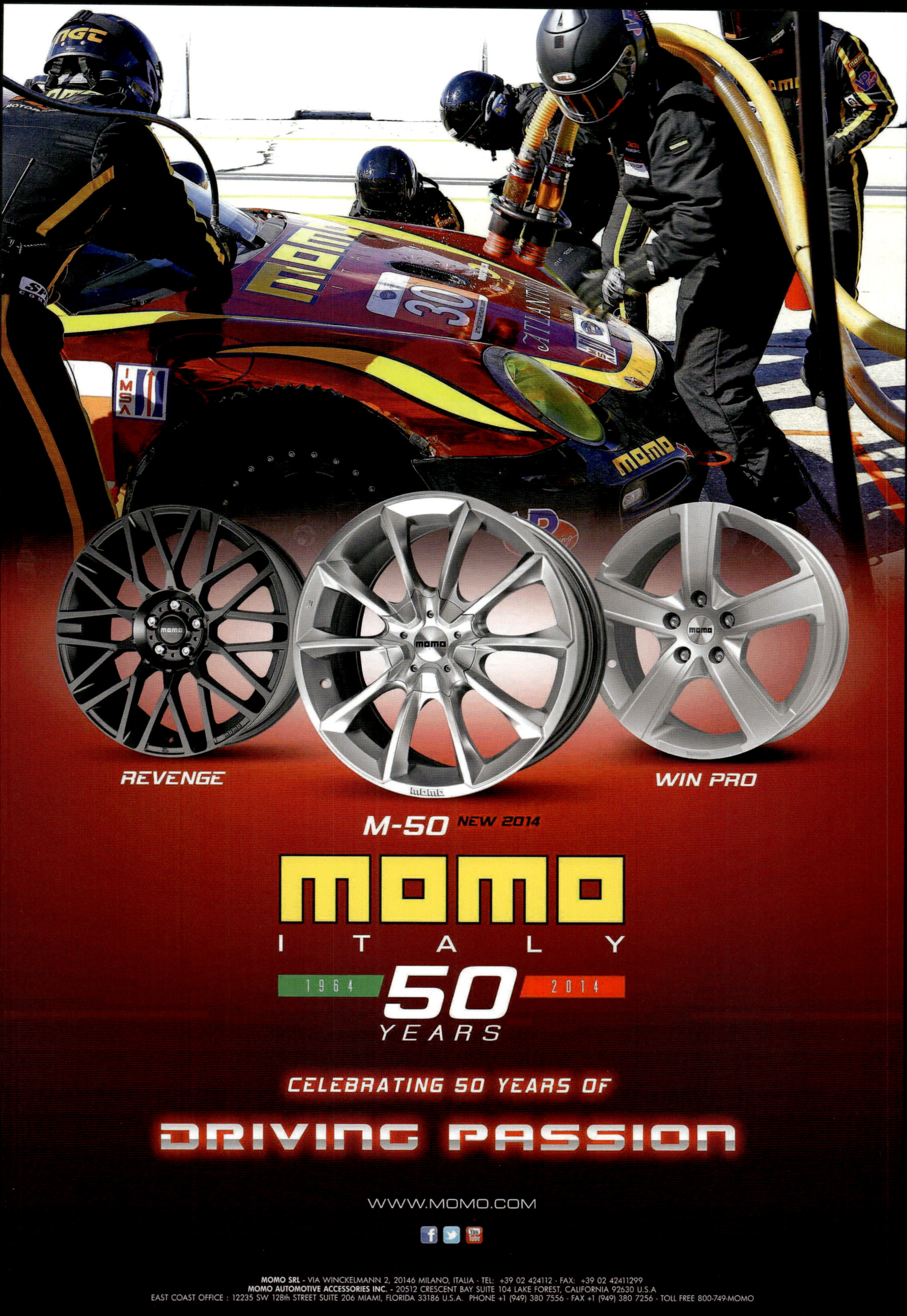
REVENGE
WIN PRO
M-50 NEW 2014
MOMO
ITALY
1964 50 2014
YEARS
CELEBRATING 50 YEARS OF
DRIVING PASSION
WWW.MOMO.COM
MOMO SRL - VIA WINCKELMANN 2, 20146 MILANO, ITALIA - TEL: +39 02 424112 - FAX: +39 02 42411299
MOMO AUTOMOTIVE ACCESSORIES INC. - 20512 CRESCENT BAY SUITE 104 LAKE FOREST, CALIFORNIA 92630 U.S.A
EAST COAST OFFICE : 12235 SW 128th STREET SUITE 206 MIAMI, FLORIDA 33186 U.S.A. PHONE +1 (949) 380 7556 - FAX +1 (949) 380 7256 - TOLL FREE 800-749-MOMO

L'evoluzione del logo

Il primo volante Momo, quello che John Surtees impugnò per portare la sua Ferrari 158 F1 alla conquista del Campionato di F1 1964, era privo di logo.
Si trattava, infatti, di uno dei primissimi pezzi realizzati in modo totalmente artigianale da una piccola struttura che, nel corso del tempo, sarebbe poi diventata la Momo srl.
Dunque, la nascita di Momo era già in seno a quel Mondiale e, in un certo senso, l'evento segnò l'inizio dell'avventura dell'Azienda italiana.
E la creazione del logo rappresentò una sorta di sigillo ufficiale posto su qualcosa che era nato quasi spontaneamente. Per lo studio grafico del logo, Gianpiero Moretti si rivolse a un grafico pubblicitario di Milano, il quale diede forma a qualcosa di davvero speciale.
Nella sua prima versione, il logo era costituito dalla ripetizione delle lettere "MO" (per "Moretti" e "Monza", oltre che per "Moraja", il nome del primo socio di Moretti) posizionate in modo da formare un quadrato, una forma facilmente collocabile sulla razza inferiore di un volante (e successivamente nel pulsante centrale dello stesso, nonché nella lente di una ruota).
I suoi colori erano il giallo, scelto per accentuarne la visibilità, e il nero, che ne disegnava il leggero profilo. Il rosso, che rappresenta il terzo dei colori istituzionali, arrivò successivamente, con la nascita del team Momo. E, ancora una volta, la scelta non fu

Evolution of the logo

The Momo steering wheel that John Surtees gripped as he drove his Ferrari 158 F1 to victory in the 1964 F1 World Championship did not carry a logo.
It was, in fact, one of the very first examples hand-made by a tiny firm that over time was to become Momo Srl.
The birth of Momo was tied up with that world championship and in a certain sense the event marked the beginning of the Italian company's great adventure.
The creation of the logo represented a kind of official seal placed on something that had come into being almost spontaneously. Gianpiero Moretti turned to an advertising artist from Milan for the graphic design and he came up with something truly special.
In its first version, the logo was composed of the repetition of the letters "MO" (for "Moretti" and "Monza", as well as for "Moraja", the name of Moretti's first partner) positioned so as to form a square, a shape easily incorporated on the lower spoke of a steering wheel (and later on the central boss and the centre of a wheel).
The chosen colours were yellow, accentuating visibility, and black for the light outline. The red, which represents the third of the corporate colours came later, with the birth of Team Momo. Once again, the choice was by no means casual, instead being motivated

L'evoluzione del logo nei primi tre decenni di storia.

The evolution of the logo over Momo's first three decades.

casuale, bensì fu motivata dalla visibilità: il colore giallo su fondo rosso crea un particolare contrasto che non passa inosservato. Inoltre, il colore rosso rappresenta la passione, la passione per le corse, la passione per le sfide, la passione per il proprio lavoro.
Gli anni Settanta portarono il primo restyling: le quattro lettere furono posizionate in linea e affiancate da un primo accenno di freccia, a sottolineare il dinamismo del marchio italiano e il suo forte legame con le corse.
La successiva evoluzione, quella degli anni Ottanta, approdò alla versione del logo che resta ancora tra le più amate dai fan di Momo: la freccia si completò, racchiudendo le lettere al suo interno, e tornando in qualche modo alle origini, perché la forma richiamava quella quadrata del primo logo. L'effetto di dinamismo, qui, raggiunse il suo apice.
Il contesto di mercato degli anni Novanta portò in primo piano la necessità di sottolineare l'italianità del marchio, concetto che racchiude una serie di importanti valori di Momo, tra i quali il raffinato design, la cura creativa, la carica innovativa.
Ecco, dunque, che il Momo giallo-nero venne sottolineato da un "Italy" rosso, consolidando allo stesso tempo il terzo colore istituzionale nel logo stesso.
Questa versione del logo istituzionale è arrivata fino a oggi, l'anno del cinquantenario di Momo, celebrato con la creazione di un logo speciale il cui utilizzo sarà limitato al 2014.

by the question of visibility: the yellow on a red ground created a strong contrast that was hardly going to pass unnoticed.
Moreover, the colour red stands for passion, a passion for racing, a passion for challenge and a passion for one's own work.
The 1970s saw the first restyling: the four letters were positioned in-line and flanked by the first hint of an arrow, underlining the dynamism of the Italian brand and its strong ties with racing.
The successive evolution, that of the 1980s, led to the version of the logo that is still one of the best loved among fans of the marque: the arrow was completed, enclosing the letter and returning in a way to the original as the shape recalled that of the first logo's square. The effect of dynamism reached a peak here.
The market conditions of the 1990s required the Italian origins of the marque to be emphasised, a concept that embodied a series of important Momo values, including sophisticated design, creative attention and an urge for innovation.
The yellow and black Momo was therefore underlined with a red "Italy", consolidating at the same time the third corporate colour in the logo itself.
This version of the corporate logo has been retained through to the present and Momo's fiftieth anniversary, celebrated with the creation of a special logo that will only be used in 2014.

Oltre al logo principale, declinato nel corso del tempo in tutte le sue evoluzioni, altri loghi Momo sono stati creati per scopi specifici: Momo Corse, nato per la divisione racing di Momo e poi divenuto una sorta di seconda linea sportiva di prodotto, Momo Racing, utilizzato prevalentemente per l'abbigliamento "dopo gara", e Momo Tires, creato per la linea di pneumatici a marchio Momo lanciata nel 2012.

Along with the principal logo, developed over the years, other Momo logos have been created for specific needs: Momo Corse, created for Momo's racing division and then developed into a second range of sports products, Momo Racing, prevalently used for "post-race" clothing and Momo Tires, created for the range of Momo-branded tyres launched in 2012.

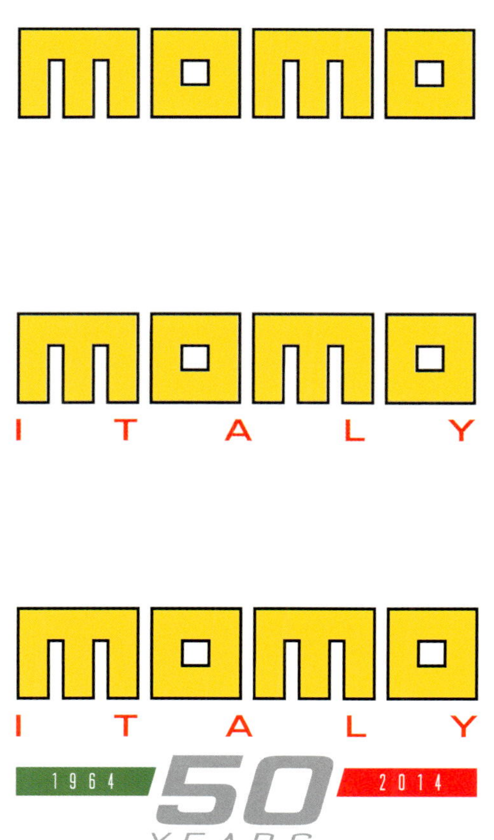

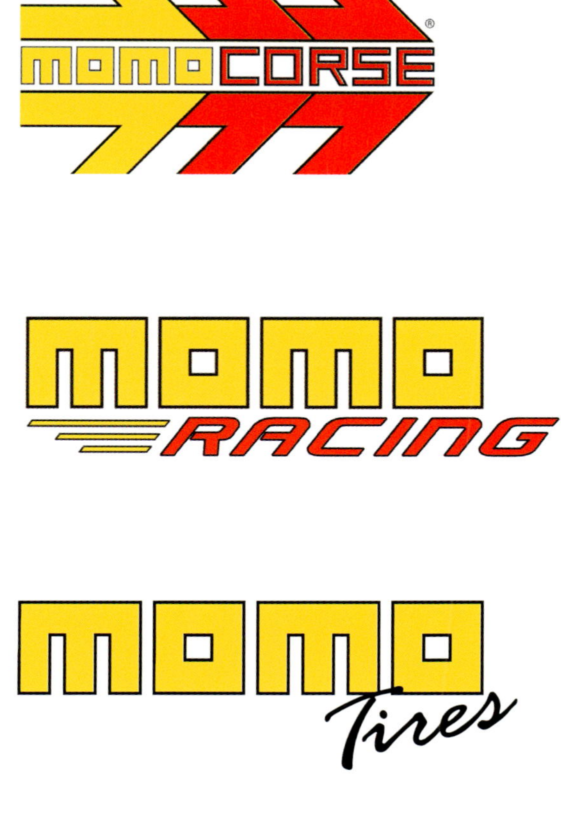

Finito di stampare nel mese di Ottobre 2014
presso **D'Auria Printing SPA - Ascoli Piceno**